지식이
감동이 되는 책!

KB073692

세상이 아무리 바쁘게 돌아가더라도
책까지 아무렇게나 빨리 만들 수는 없습니다.
어머니가 손수 지어주는 밥처럼
정성이 듬뿍 담긴 건강한 책을 만들고 싶습니다.

길벗스쿨은 쉽게 배우고 깨쳐 공부에 자신감을 주는 책,
재미와 감동으로 마음을 풍요롭게 해 주는 책으로
독자 여러분께 다가가겠습니다.

아이의 꿈을 키워 주는 정성을
지금, 만나보세요.

미리 책을 읽고 따라해본 2만 베타테스터 여러분과
무따기 체험단, 길벗스쿨 엄마 2% 기획단,
시나공 평가단, 토익 배틀, 대학생 기자단까지!
믿을 수 있는 책을 함께 만들어주신 독자 여러분께 감사드립니다.

홈페이지의 '독자마당'에 오시면
책을 함께 만들 수 있습니다.

(주)도서출판 길벗 www.gilbut.co.kr
길벗 이지톡 www.eztok.co.kr
길벗스쿨 www.gilbutschool.co.kr

기적의
맨처음
영단어 2

저자 주선이

경북대학교 사범대학 영어교육과를 졸업한 후, 중학교 교사를 지내고 대교 교육 정보 연구소에서 근무했다. 학생들이 쉽게 영어를 배울 수 있는 다수의 베스트셀러 영어 교재 개발과 애니메이션 개발에 참여했고, 현재 엔엑스씨(NXC)에서 소셜 영어학습 애플리케이션 개발을 하고 있다.

저서 : Mentor Joy Vocabulary(피어슨에듀케이션코리아), Bricks Listening·Reading(사회평론), Reading Sense(빌드앤그로우), The Way to Neat(YBM 시사주니어), EBY 토킹클럽(에듀박스), 브레이니(두산동아), Take Twos(언어세상), 기적의 영어 문장 만들기, Bible Reading, 생각대로 써지는 영작문(길벗스쿨) 등

기적의 맨처음 영단어 2

Miracle Series - First English Words 2

초판 1쇄 발행 · 2015년 12월 4일
초판 12쇄 발행 · 2023년 2월 24일

지은이 · 주선이
발행인 · 이종원
발행처 · 길벗스쿨
출판사 등록일 · 2006년 7월 1일 | 주소 · 서울시 마포구 월드컵로 10길 56(서교동)
대표 전화 · 02)332-0931 | 팩스 · 02)323-0586
홈페이지 · www.gilbutschool.co.kr | 이메일 · gilbutschool@gilbut.co.kr

담당 편집 · 한슬기(sghan128@gilbut.co.kr) | 기획 · 황민성 | 디자인 · 장기춘 | 제작 · 이진혁
영업마케팅 · 김진성, 박선경 | 웹마케팅 · 박달님, 권은나 | 영업관리 · 정경화 | 독자지원 · 윤정아, 최희창

편집진행 · 기본기획 | 전산편집 · 기본기획 | 영문 감수 · Michael A. Putlack
인쇄 · 상지사 | 제본 · 상지사피앤비 | 녹음 · 휘미르, 미디어코리아

ⓒ주선이, 2015
ISBN 978-89-6222-893-9 63740
(길벗 도서번호 30280)

정가 12,000원

독자의 1초를 아껴주는 정성 **길벗출판사**
길벗 | IT실용서, IT/일반 수험서, IT전문서, 경제실용서, 취미실용서, 건강실용서, 자녀교육서
더퀘스트 | 인문교양서, 비즈니스서
길벗이지톡 | 어학단행본, 어학수험서
길벗스쿨 | 국어학습서, 수학학습서, 유아학습서, 어학학습서, 어린이교양서, 교과서

길벗스쿨 공식 카페 〈기적의 공부방〉 · cafe.naver.com/gilbutschool
인스타그램 / 카카오친구 · @gilbutschool

제 품 명 : 기적의 맨처음 영단어 2권
제조사명 : 길벗스쿨
제조국명 : 대한민국
전화번호 : 02-332-0931
주　　소 : 서울시 마포구 월드컵로 10길 56 (서교동)
제조년월 : 판권에 별도 표기
사용연령 : 8세 ~ 13세
KC마크는 이 제품이 공통안전기준에 적합하였음을 의미합니다.

워드패밀리 학습법으로
단어의 발음과 철자를 쉽게 익히는

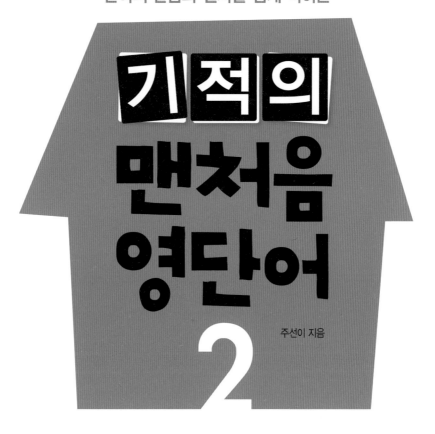

기적의 맨처음 영단어

주선이 지음

2

길벗스쿨

기적의 맨처음 영단어를 소개합니다!

Q '워드패밀리' 학습법이 무엇이죠?

A 라임(rhyme)이 같은 단어들끼리 한데 모은 것을 워드패밀리(word family)라고 합니다. 다시 말해, 같은 소리 패턴 (또는 철자 패턴)을 가진 단어들끼리 모은 것을 말하지요.

Q 워드패밀리를 익히면 어떤 점이 좋은가요?

A 워드패밀리를 공부하지 않은 아이들은 bake는 b-a-k-e(ㅂ－에이－ㅋ)로, cake는 c-a-k-e(ㅋ－에이－ㅋ)로 인식하게 되는데, 이렇게 단어를 배울 때마다 각각의 철자에 소리값을 대입하여 익히다 보면 새로운 단어를 공부하는 것이 매번 스트레스이고 어렵게 느껴질 것입니다.

반면, 같은 패턴을 가진 단어들끼리 묶어서 익히면 발음과 철자를 더욱 쉽게 익힐 수 있습니다. 예를 들어 bake, cake, lake, make를 함께 익히면 -ake가 [eik] 소리를 낸다는 것을 자신도 모르게 자연스럽게 인지하게 됩니다. bake를 읽을 줄 알게 되면 bake와 같은 소리 패턴의 단어 take, snake 등도 쉽게 읽을 수 있게 되는 것이지요. 다시 말해, 공통적 패턴을 가진 단어들을 묶어서 익히면 단어를 따로 하나씩 익히는 것보다 훨씬 효율적입니다.

Q 선생님이 발명하신 학습법인가요?

A 워드패밀리는 미국, 캐나다, 영국 등 영어권 현지에서 유치 및 초등 단계의 아이들이 처음 읽기를 배우기 전 집중적으로 배우는 단계별 학습법입니다. 영어에서 자주 쓰이는 어휘 중에서 끝소리(ending sound)가 같은 그룹들을 'Word Family'라 부르며 집중적으로 지도합니다. 이런 단어들을 문장 속에서 자주 접하며 자연스럽게 끝소리를 익힘으로써 단어 학습뿐만 아니라 '유창한 읽기(Fluent reading)'의 밑거름이 됩니다.

Q 워드패밀리로 배우면 낯설고 긴 단어도 읽을 수 있나요?

A 같은 소리 패턴의 단어들을 반복해서 학습하다 보면 철자와 발음 간의 관계를 저절로 이해하게 되어 긴 단어도 쉽게 익힐 수 있는 응용력이 생깁니다. 예를 들어, carpenter를 배울 때 워드패밀리 방식으로 공부해 온 아이는 car-pen-ter라는 세 개의 덩어리로 분해하여 인식하게 됩니다(그 각각의 덩어리는 이미 워드패밀리를 통해 익힌 것들). c-a-r-p-e-n-t-e-r처럼 한 글자씩 끊어서 학습할 때보다 훨씬 쉽고 빠르게 익힐 수 있습니다. 이런 식으로, 이미 익힌 발음 원리를 적용하여 다음과 같은 더 긴 단어들도 쉽게 읽고 쓸 수 있게 됩니다.

car-	car-pet	car-pool	car-toon
	car-ni-val	car-ra-mel	car-pen-ter

Q 파닉스도 배우지 않았는데 이 책으로 시작해도 될까요?

A 물론입니다. 워드패밀리와 파닉스 모두 철자와 소리를 바탕으로 한 읽기 학습의 과정입니다. 파닉스를 하지 않았더라도 라임을 통한 읽기 연습으로 단시간 내에 발음과 철자 간의 규칙을 확실하게 터득할 수 있습니다. 본격적인 단어 학습을 해야 할 때 워드패밀리 학습법을 적용하면 발음과 철자를 쉽게 외울 수 있게 되어 단어 학습량이 폭발적으로 늘게 됩니다.

Q 이 책에서는 어떤 단어들을 공부하나요?

A 유치, 초등 단계의 가장 많이 쓰이는 필수 단어들을 기준으로 하되, 파닉스의 원리를 자연스럽게 복습할 수 있도록 단모음, 장모음, 이중모음, 이중자음단어 순서로 배치하였습니다. 그리고 사진으로 단어의 의미가 1차적으로 바로 인지될 수 있는 구체적인 사물과 동작 위주의 단어들로 구성되어서 빨리 인식할 수 있도록 했습니다. 또한 문장 안에서 단어를 읽고, 이해하는 학습 활동을 통해 이 책을 다 배우고 나면, 자연스럽게 읽기로 이어지도록 구성하였습니다.

How to Study

이 교재는 하루 12단어씩 30일 동안 360개의 단어를 공부하도록 구성되었습니다. 영어 단어와 우리말 뜻을 나란히 배치시켜 무작정 암기하는 것이 아니라, 공통된 철자[발음]끼리 단어를 묶고, 이를 바탕으로 발음 훈련과 철자 쓰기 훈련을 통해 학습자는 자연스럽게 단어를 외울 수 있습니다. 또한 Day별, Week별로 제공되는 다양한 유형의 연습문제를 풀면서 한 번 공부한 단어는 오래 기억할 수 있도록 하였습니다.

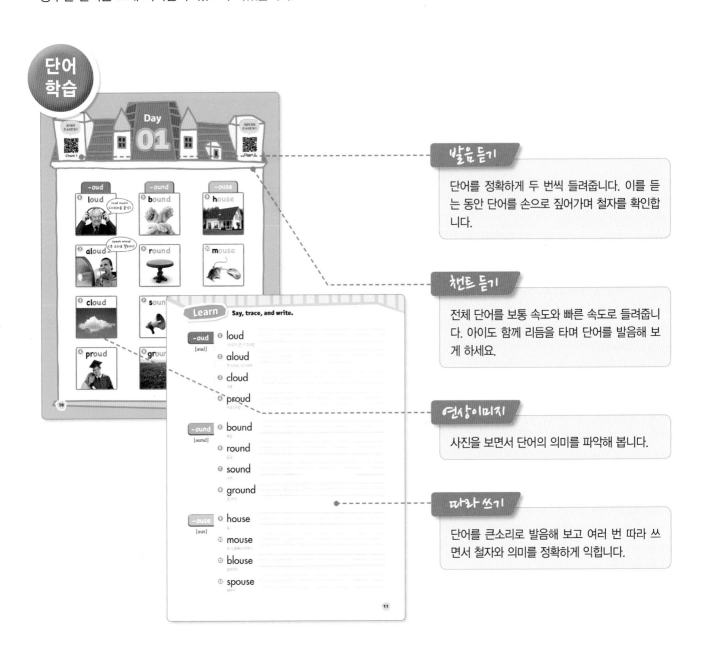

발음 듣기

단어를 정확하게 두 번씩 들려줍니다. 이를 듣는 동안 단어를 손으로 짚어가며 철자를 확인합니다.

챈트 듣기

전체 단어를 보통 속도와 빠른 속도로 들려줍니다. 아이도 함께 리듬을 타며 단어를 발음해 보게 하세요.

연상이미지

사진을 보면서 단어의 의미를 파악해 봅니다.

따라 쓰기

단어를 큰소리로 발음해 보고 여러 번 따라 쓰면서 철자와 의미를 정확하게 익힙니다.

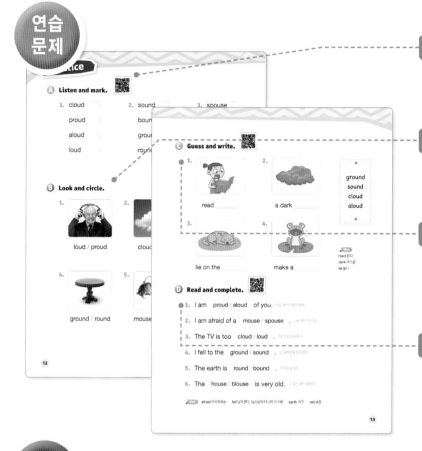

듣고 선택하기

QR코드를 찍어 음원을 듣고, 들려주는 단어를 고르거나 철자를 써보는 활동입니다.

단어와 일치하는 이미지

단어를 읽고 해당하는 이미지를 고르는 활동입니다.

그림 보고 표현 완성하기

주어진 단어들을 이용하여 그림에 알맞은 표현을 완성하고 정답을 확인한 뒤에는 음원을 통해 정확한 발음을 들어보세요.

문장 완성하기

우리말 뜻에 맞는 문장이 되도록 알맞은 단어에 동그라미 하는 활동입니다. 정답을 확인한 뒤에는 음원을 통해 문장의 정확한 발음을 들어보세요.

Review Test

사다리 타기, 워드패밀리 박스 완성하기, 문장 완성하기 등 다양한 형식의 연습문제로 5일치 학습 내용을 복습합니다.

온라인 학습으로 복습하기

이용 방법: 길벗스쿨 홈페이지 (www.gilbutschool.co.kr)로 들어가서 '기적의 맨처음 영단어'로 검색 후 해당 자료 클릭

Contents

Day 01

또박또박
큰 소리로 읽기

Chant 1

리듬에 맞춰
큰 소리로 읽기

Chant 2

-oud

① **loud**

loud music
(시끄러운 음악)

② **aloud**

Speak aloud
(큰 소리로 말하다)

③ **cloud**

④ **proud**

-ound

⑤ **bound**

⑥ **round**

⑦ **sound**

⑧ **ground**

-ouse

⑨ **house**

⑩ **mouse**

⑪ **blouse**

⑫ **spouse**

남편(husband)
또는 아내(wife)

-oud
[aud]

1 **loud**
(소리가) 큰, 시끄러운

2 **aloud**
큰 소리로, 소리내어

3 **cloud**
구름

4 **proud**
자랑스러운

-ound
[aund]

5 **bound**
묶인

6 **round**
둥근

7 **sound**
소리

8 **ground**
땅, 바닥

-ouse
[aus]

9 **house**
집

10 **mouse**
쥐 / (컴퓨터) 마우스

11 **blouse**
블라우스

12 **spouse**
배우자

11

Practice

A Listen and mark.

1. cloud ☐	2. sound ☐	3. spouse ☐
proud ☐	bound ☐	mouse ☐
aloud ☐	ground ☐	house ☐
loud ☐	round ☐	blouse ☐

B Look and circle.

1. loud / proud

2. cloud / aloud

3. bound / sound

4. ground / round

5. mouse / spouse

6. blouse / house

C Guess and write.

1.

read _____

2.

a dark _____

3.

lie on the _____

4.

make a _____

ground
sound
cloud
aloud

Hint
read 읽다
dark 어두운
lie 눕다

D Read and complete.

1. I am   proud / aloud   of you.   나는 네가 자랑스러워.

2. I am afraid of a   mouse / spouse .   나는 쥐가 무서워.

3. The TV is too   cloud / loud .   TV 소리가 너무 커.

4. I fell to the   ground / sound .   난 땅바닥에 넘어졌어.

5. The earth is   round / bound .   지구는 둥글다.

6. The   house / blouse   is very old.   그 집은 매우 낡았어.

Hint   afraid 무서워하는   fell 넘어졌다, fall(넘어지다)의 과거형   earth 지구   old 낡은

Day 02

또박또박
큰 소리로 읽기
Chant 1

리듬에 맞춰
큰 소리로 읽기
Chant 2

-ow

① low
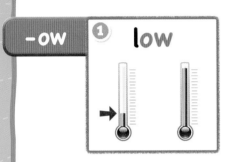

② show

③ blow

④ grow

⑤ snow

⑥ below
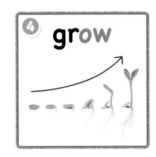

⑦ follow

⑧ yellow

-ow

⑨ bow

⑩ cow

⑪ now

⑫ allow

14

-ow
[ou]

① **low**
낮은

② **show**
보여주다 / 쇼

③ **blow**
(입으로) 불다, (바람이) 불다

④ **grow**
커지다, 자라다

⑤ **snow**
눈 / 눈이 내리다

⑥ **below**
아래에, ~밑에

⑦ **follow**
따르다

⑧ **yellow**
노란 / 노란색

-ow
[au]

⑨ **bow**
절하다, 고개를 숙이다

⑩ **cow**
암소, 젖소

⑪ **now**
지금

⑫ **allow**
허락하다

Practice

A Listen and mark.

1. low ☐
   bow ☐
   blow ☐
   cow ☐

2. snow ☐
   show ☐
   grow ☐
   now ☐

3. yellow ☐
   allow ☐
   follow ☐
   below ☐

B Look and circle.

1.

   cow / allow

2.

   yellow / below

3.

   snow / show

4.

   bow / blow

5.

   follow / low

6.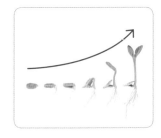

   grow / now

C Guess and write.

1.

_____ calorie

2.

ten _____ zero (=-10℃)

| below |
| low |
| blow |
| show |

3.

a quiz _____

4.

_____ his nose

D Read and complete.

1. Please   follow / below   me. 저를 따라오세요.

2. Please   snow / show   me that. 저것을 보여 주세요.

3. Please   blow / low   out the candle. 초를 불어서 꺼 주세요.

4. Please let me go   allow / now   . 지금 가게 해 주세요.

5. Wait behind the   yellow / below   line. 노란 선 뒤에서 기다려.

6. Don't touch the   cow / bow   . 그 소를 만지지 마.

17

또박또박
큰 소리로 읽기
Chant 1

리듬에 맞춰
큰 소리로 읽기
Chant 2

Day
03

-ower

① power

-own

⑤ down
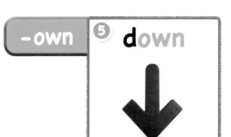

⑥ gown

② tower

⑦ town

⑧ brown

③ flower

⑨ clown

⑩ crown

④ shower

⑪ drown

⑫ frown

Say, trace, and write.

-ower

[auə(r)]

① power
권력, 힘

② tower
탑

③ flower
꽃

④ shower
샤워 / 소나기

-own

[aun]

⑤ down
아래로

⑥ gown
드레스 / 가운

⑦ town
마을, 도시

⑧ brown
갈색 / 갈색의

⑨ clown
어릿광대

⑩ crown
왕관

⑪ drown
물에 빠져 죽다

⑫ frown
눈살을 찌푸리다

Practice

A **Listen and mark.**

1. power ☐

   tower ☐

   shower ☐

   flower ☐

2. down ☐

   gown ☐

   town ☐

   crown ☐

3. drown ☐

   frown ☐

   brown ☐

   clown ☐

B **Look and circle.**

1.

   power / tower

2.

   flower / shower

3.

   crown / clown

4.

   down / drown

5.

   frown / brown

6.

   gown / town

C Guess and write.

1.

take a _____

2.

a cap and _____

3.

a bell _____

4.

wind _____

gown
power
shower
tower

Hint
cap 모자
bell 종
wind 바람

D Read and complete.

1. Sit   down / gown   , please. 앉아 주세요.

2. I want to wear the   crown / clown   . 나는 그 왕관을 써 보고 싶어.

3. I live near the   tower / flower   . 나는 그 탑 옆에 살아.

4. My bag is   brown / drown   . 내 가방은 갈색이야.

5. Don't   frown / town   at me. 날 보고 찡그리지 마.

6. I am taking a   shower / power   . 나는 샤워 중이야.

Hint   sit 앉다   want 원하다   wear 입다, 쓰다   live 살다   near 가까이에

또박또박
큰 소리로 읽기

Chant 1

Day

04

리듬에 맞춰
큰 소리로 읽기

Chant 2

-ry(ly)

① cry

② dry

③ fly

④ fry

-rry

⑤ carry

⑥ hurry

⑦ marry

⑧ worry

-ue

⑨ cue

⑩ blue

⑪ clue

⑫ glue

-ry(ly)
[rai(lai)]

① **cry**
울다 / 외치다

② **dry**
마른 / 말리다

③ **fly**
날다

④ **fry**
(기름에) 튀기다

-rry
[ri]

⑤ **carry**
나르다, 옮기다

⑥ **hurry**
서두르다

⑦ **marry**
결혼하다

⑧ **worry**
걱정하다

-ue
[u:]

⑨ **cue**
신호, 큐

⑩ **blue**
파란 / 파란색

⑪ **clue**
단서, 실마리

⑫ **glue**
붙이다 / 풀, 접착제

Practice

A Listen and mark.

1. clue ☐
   blue ☐
   glue ☐
   cue ☐

2. fry ☐
   dry ☐
   fly ☐
   cry ☐

3. marry ☐
   worry ☐
   hurry ☐
   carry ☐

B Look and circle.

1.

cue / clue

2.

blue / glue

3.

fly / fry

4.

dry / cry

5.

carry / worry

6.

hurry / marry

C Guess and write.

1.

a _____ cleaner's

2.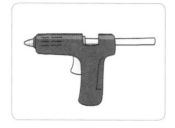

a _____ gun

3.

_____ chicken

4.

_____ high

fly
fried
glue
dry

🔍 Hint

cleaner 세탁소, 청소부
gun 총
chicken 닭
high 높이, 높게

D Read and complete.

1. Use this   glue / cue   . 이 풀을 써 봐.

2.   Carry / Hurry   up! We are late. 서둘러! 우린 늦었어.

3. Don't   worry / marry   . Be happy. 걱정하지 말고 행복해.

4. Did the baby   cry / dry   ? 그 아기가 울었어?

5. Did the bird   fly / fry   away? 그 새는 날아가 버렸어?

6. Did she have   clue / blue   eyes? 그녀는 푸른 눈을 갖고 있었어?

🔍 Hint   use 사용하다   late 늦은   baby 아기   bird 새   eye 눈

Day 05

-ar

① car

② jar

③ star

-ard

④ card

⑤ hard

⑥ yard

-art

⑦ cart

⑧ dart

⑨ part

⑩ chart

⑪ smart

⑫ start

-ar
[ɑːr]

1. car
자동차

2. jar
단지, 항아리

3. star
별 / 스타

-ard
[ɑːrd]

4. card
카드

5. hard
열심히 / 어려운

6. yard
마당, 뜰

-art
[ɑːrt]

7. cart
카트, 수레

8. dart
화살, 다트

9. part
일부, 부분

10. chart
도표, 그래프

11. smart
영리한

12. start
시작하다, 출발하다

Practice

A **Listen and mark.**

1. jar ☐	2. yard ☐	3. part ☐
car ☐	hard ☐	smart ☐
star ☐	cart ☐	start ☐
card ☐	chart ☐	dart ☐

B **Look and circle.**

1.

jar / star

2.

car / card

3.

yard / hard

4.

chart / cart

5.

dart / part

6.

smart / start

C Guess and write.

1.

a credit _____

2.

a super _____

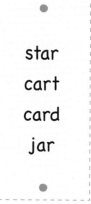

star
cart
card
jar

3.

a shopping _____

4.

a cookie _____

credit 신용
shopping 쇼핑
cookie 과자

D Read and complete.

1. Let's   start / cart   now. 지금 출발하자.

2. Watch out for the   car / jar   ! 차 조심해!

3. They study   yard / hard   . 그들은 열심히 공부해.

4. This is a   part / dart   of history. 이것은 역사의 일부야.

5. My brother is very   smart / chart   . 우리 형은 무척 영리해.

6. The sun is a very big   card / star   . 태양은 매우 큰 별이야.

Hint   now 지금   watch out 조심하다   study 공부하다   history 역사   brother 남자 형제

Review Test 1

• Day 1-5 •

A Go down the ladders and fill in the blanks.

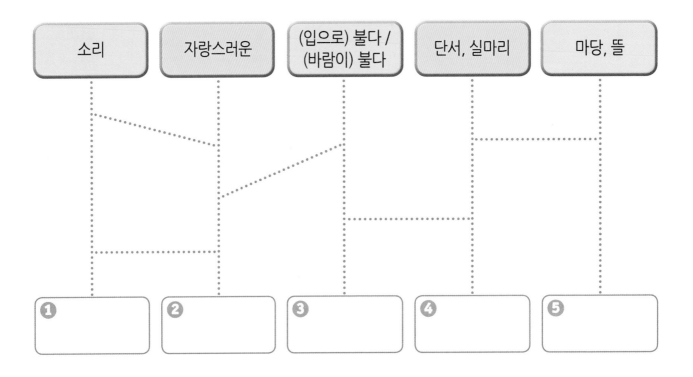

| 소리 | 자랑스러운 | (입으로) 불다 /
(바람이) 불다 | 단서, 실마리 | 마당, 뜰 |

① ② ③ ④ ⑤

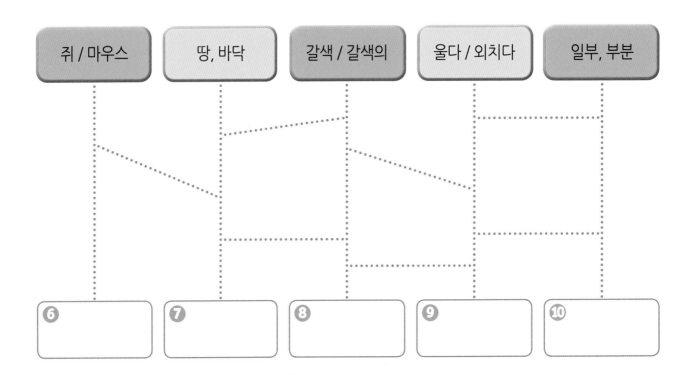

| 쥐 / 마우스 | 땅, 바닥 | 갈색 / 갈색의 | 울다 / 외치다 | 일부, 부분 |

⑥ ⑦ ⑧ ⑨ ⑩

B Group the word families.

> below   snow   frown   aloud   yellow
>
> loud   town   cloud   clown

1. **-oud**

proud

_____
_____
_____

2. **-ow**

show

_____
_____
_____

3. **-own**

crown

_____
_____
_____

> worry   blue   part   clue   carry
>
> hurry   start   glue   smart

4. **-ue**

cue

_____
_____
_____

5. **-rry**

marry

_____
_____
_____

6. **-art**

cart

_____
_____
_____

C Choose the pictures that rhyme.

1.
bl_____

a
sp_____

b
b_____

2.
l_____

a
b_____

b
sn_____

3.
fr_____

a
dr_____

b
sh_____

4.
fl_____

a
dr_____

b
gl_____

D Choose the best word.

1. The earth is _____.   **a** round   **b** sound   **c** bound

2. I am _____ of you.   **a** cloud   **b** proud   **c** aloud

3. Please _____ out the candle.   **a** blow   **b** yellow   **c** follow

4. Don't touch the _____.   **a** now   **b** low   **c** cow

5. Sit _____, please.   **a** gown   **b** down   **c** town

6. My bag is _____.   **a** frown   **b** drown   **c** brown

7. _____ up! We are late.   **a** Hurry   **b** Carry   **c** Marry

8. Did she have _____ eyes?   **a** cue   **b** blue   **c** glue

9. They study _____.   **a** hard   **b** yard   **c** smart

10. The sun is a very big _____.   **a** car   **b** star   **c** jar

Day
06

또박또박
큰 소리로 읽기
Chant 1

리듬에 맞춰
큰 소리로 읽기
Chant 2

-ter

① **after**

② **liter**

③ **meter**

④ **water**

⑤ **butter**

⑥ **sister**

-ver

⑦ **cover**

⑧ **fever**

⑨ **liver**

⑩ **river**

⑪ **silver**

⑫ **driver**

Say, trace, and write.

- ter

[tər]

1. **after**
~뒤에, ~다음에

2. **liter**
리터(부피의 단위)

3. **meter**
미터, 계량기

4. **water**
물

5. **butter**
버터

6. **sister**
언니, 누나, 여동생

-ver

[vər]

7. **cover**
덮다

8. **fever**
열

9. **liver**
간

10. **river**
강

11. **silver**
은

12. **driver**
운전자

A Listen and mark.

1. liter ☐
   water ☐
   after ☐
   butter ☐

2. cover ☐
   river ☐
   driver ☐
   fever ☐

3. liver ☐
   silver ☐
   liter ☐
   sister ☐

B Look and circle.

1.
   meter / liter

2.
   butter / after

3.
   sister / water

4.
   river / driver

5.
   fever / silver

6.
   liver / cover

C Guess and write.

1.

a 25-_____ wave

2.

brother and _____

3.

bread and _____

4.

win a _____ medal

silver
sister
butter
meter

Hint

wave 파도
brother 남자 형제
bread 빵
win 이기다, (상품·승리
등을) 획득하다
medal 메달

D Read and complete.

1. The   river / liver   is very deep. 그 강은 매우 깊어.

2. The   water / after   is very clean. 그 물은 매우 깨끗해.

3. His father is a bus   driver / fever   . 그의 아버지는 버스 운전사이셔.

4. His   sister / silver   is 6 years old. 그의 여동생은 6살이야.

5.   Cover / Meter   your mouth, please. 입을 가려 주세요.

6. Pass me the   liter / butter   , please. 버터 좀 건네주세요.

Hint   deep 깊은   clean 깨끗한   father 아버지   mouth 입   pass 건네주다

37

Day

07

또박또박
큰 소리로 읽기

Chant 1

리듬에 맞춰
큰 소리로 읽기

Chant 2

-ear

① ear
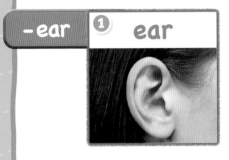

② fear

③ hear

④ near

⑤ tear

⑥ year

-ear

⑦ bear

⑧ pear

⑨ wear

-eer

⑩ deer

⑪ peer

⑫ cheer

Say, trace, and write.

-ear
[iər]

① **ear**
귀

② **fear**
두려움, 공포

③ **hear**
듣다

④ **near**
가까운 / 가까이

⑤ **tear**
눈물

⑥ **year**
년, 해

-ear
[ɛər]

⑦ **bear**
곰

⑧ **pear**
(과일) 배

⑨ **wear**
입다, 쓰다

-eer
[iər]

⑩ **deer**
사슴

⑪ **peer**
또래

⑫ **cheer**
응원하다

Practice

A Listen and mark.

1. ear ☐
   fear ☐
   tear ☐
   hear ☐

2. cheer ☐
   year ☐
   wear ☐
   near ☐

3. deer ☐
   peer ☐
   bear ☐
   pear ☐

B Look and circle.

1.

   bear / deer

2.

   tear / wear

3.

   pear / peer

4.

   year / fear

5.

   cheer / hear

6.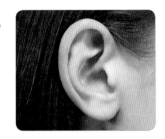

   near / ear

C Guess and write.

1.

long _____ s

2.

a polar _____

3.

_____ up!

4.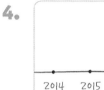

NOW

2014   2015   2016   2017

this _____

| bear |
| Cheer |
| year |
| ear |

D Read and complete.

1. My house is very   near / year   .   우리 집은 무척 가까워.

2. Can you   tear / hear   me?   내 목소리 들려?

3. I   cheer / peer   for the team.   나는 그 팀을 응원해.

4. I want to see a   deer / bear   .   나는 곰을 보고 싶어.

5. I want to eat a   fear / pear   .   나는 배가 먹고 싶어.

6. I want to   wear / ear   the cap.   나는 그 모자를 쓰고 싶어.

Day 08

또박또박
큰 소리로 읽기

Chant 1

리듬에 맞춰
큰 소리로 읽기

Chant 2

-air

① air

② fair

③ hair

④ pair

⑤ chair

⑥ stair

-irt

⑦ dirt

⑧ shirt

⑨ skirt

-ork

⑩ fork

⑪ pork

⑫ work

42

-air

[ɛər]

① **air**
공기, 공중

② **fair**
공정한, 공평한

③ **hair**
머리카락

④ **pair**
한 쌍

⑤ **chair**
의자

⑥ **stair**
계단

-irt

[ə:rt]

⑦ **dirt**
먼지, 때

⑧ **shirt**
셔츠

⑨ **skirt**
치마, 스커트

-ork

[ɔ:rk]

⑩ **fork**
포크

⑪ **pork**
돼지고기

⑫ **work**
일하다 / 일

Practice

A **Listen and mark.**

1. air ☐

   hair ☐

   fair ☐

   chair ☐

2. skirt ☐

   shirt ☐

   dirt ☐

   stair ☐

3. pork ☐

   work ☐

   fork ☐

   pair ☐

B **Look and circle.**

1.

   hair / chair

2.

   pair / fair

3.

   air / dirt

4.

   shirt / skirt

5.

   stair / work

6.

   pork / fork

C Guess and write.

1.

a _____ of socks

2.

a spoon and _____

3.

fresh _____

4.

_____ play

fork
fair
air
pair

Hint
socks 양말
spoon 숟가락
fresh 신선한
play 경기

D Read and complete.

1. She has long   hair / fair   . 그녀는 머리가 길어.

2. They often   pair / work   late. 그들은 종종 늦게까지 일해.

3. What's the   dirt / stair   ? 그 얼룩(때)는 뭐니?

4. I don't wear a   skirt / shirt   . 나는 치마를 안 입어.

5. I don't eat   pork / fork   . 나는 돼지고기를 안 먹어.

6. I don't sit on the   air / chair   . 나는 그 의자에는 안 앉아.

Hint   long 긴   often 종종   late 늦은   wear 입다   sit 앉다

Day 09

또박또박
큰 소리로 읽기

Chant 1

리듬에 맞춰
큰 소리로 읽기

Chant 2

-orm

① **form**

② **storm**

-orn

③ **born**
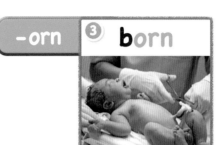

④ **corn**

⑤ **horn**

⑥ **thorn**

-ort

⑦ **port**

⑧ **sort**

⑨ **short**

⑩ **sport**

⑪ **report**

⑫ **resort**

46

Say, trace, and write.

-orm
[ɔːrm]

① **form**
형태 / 형태로 만들다

② **storm**
폭풍

-orn
[ɔːrn]

③ **born**
태어난

④ **corn**
옥수수

⑤ **horn**
뿔

⑥ **thorn**
가시

-ort
[ɔːrt]

⑦ **port**
항구

⑧ **sort**
종류 / 분류하다

⑨ **short**
짧은 / (키가) 작은

⑩ **sport**
스포츠, 운동

⑪ **report**
알리다 / 보고서

⑫ **resort**
휴양지

A **Listen and mark.**

1. storm ☐	**2.** corn ☐	**3.** sort ☐
form ☐	born ☐	short ☐
port ☐	thorn ☐	sport ☐
report ☐	horn ☐	resort ☐

B **Look and circle.**

1.

storm / form

2.

sort / port

3.

born / horn

4.

thorn / corn

5.

resort / short

6.

report / sport

C Guess and write.

1.

a rose _____

2.

_____ hair

3.

a lightning _____

4.

a ski _____

resort
short
thorn
storm

D Read and complete.

1. I was   born / corn   in May. 나는 5월에 태어났어.

2. I am   sort / short   . 나는 키가 작아.

3. I like   ports / sports   . 나는 운동을 좋아해.

4. I didn't go to the   report / resort   . 나는 그 휴양지에 안 갔어.

5. I didn't hear the   horn / thorn   . 나는 뿔피리 소리를 못 들었어.

6. I didn't hear the   storm / form   . 나는 태풍 소리를 못 들었어.

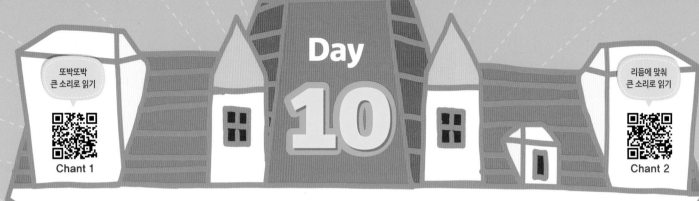

Day 10

또박또박
큰 소리로 읽기

Chant 1

리듬에 맞춰
큰 소리로 읽기

Chant 2

-oor

① door
② floor
③ poor

예외로 poor의 -oor은 [uər]로 발음해요.

-orth

④ forth
⑤ north
⑥ worth

-orce -orse

⑦ force
⑧ horse

-urn

⑨ burn
⑩ turn

-urse

⑪ nurse
⑫ purse

50

-oor
[ɔːr]

1 **door**
문

2 **floor**
바닥 / 층

3 **poor**
가난한

-orth
[ɔːrθ]

4 **forth**
앞으로

5 **north**
북쪽

6 **worth**
가치

-orce
-orse
[ɔːrs]

7 **force**
군대 / 힘

8 **horse**
말

-urn
[əːrn]

9 **burn**
타다, 태우다

10 **turn**
돌리다 / 전원을 켜다

-urse
[əːrs]

11 **nurse**
간호사

12 **purse**
지갑

Practice

A Listen and mark.

1. poor ☐

   door ☐

   floor ☐

   force ☐

2. forth ☐

   worth ☐

   north ☐

   horse ☐

3. nurse ☐

   burn ☐

   turn ☐

   purse ☐

B Look and circle.

1.

   door / poor

2.

   floor / force

3.

   worth / horse

4.

   forth / north

5.

   burn / turn

6.

   purse / nurse

C Guess and write.

1.

_____ on the light

2.

_____ America

3.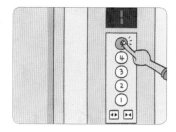

the 5th _____

4.

next _____

door
North
turn
floor

Hint
America
미국, 아메리카 대륙
the 5th(=fifth)
다섯 번째
next 다음의, 옆의

D Read and complete.

1. Turn / Burn left at the corner. 모퉁이에서 왼쪽으로 돌아.

2. Point to the north / worth . 북쪽을 가리켜 봐.

3. Don't ride the horse / force . 그 말은 타지 마.

4. Don't sweep the floor / forth . 바닥은 쓸지 마.

5. My mother is a purse / nurse . 우리 엄마는 간호사셔.

6. They are really poor / door . 그들은 정말 가난해.

Hint left 왼쪽 corner 모퉁이 point 가리키다 ride 타다 sweep 쓸다 really 정말로

Review Test 2
• Day 6-10 •

A **Go down the ladders and fill in the blanks.**

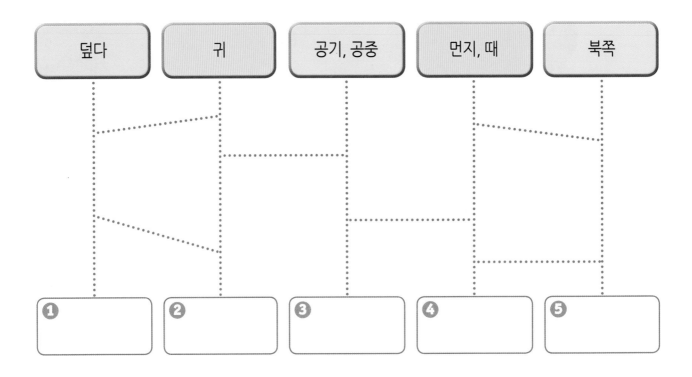

| 덮다 | 귀 | 공기, 공중 | 먼지, 때 | 북쪽 |

① ② ③ ④ ⑤

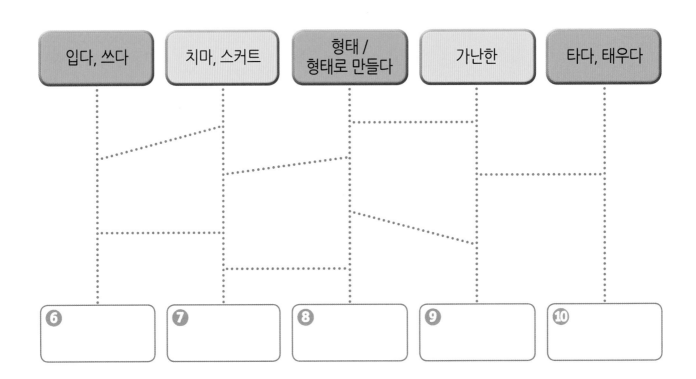

| 입다, 쓰다 | 치마, 스커트 | 형태 / 형태로 만들다 | 가난한 | 타다, 태우다 |

⑥ ⑦ ⑧ ⑨ ⑩

B **Group the word families.**

cover   year   meter   near   butter

sister   fever   fear   silver

1.
-ter

heater

_____

_____

_____

2.
-ver

river

_____

_____

_____

3.
-ear

hear

_____

_____

_____

fair   horn   stair   short   corn

sport   thorn   hair   resort

4.
-air

pair

_____

_____

_____

5.
-orn

born

_____

_____

_____

6.
-ort

sort

_____

_____

_____

C Choose the pictures that rhyme.

1. wa_____
   a. ri_____
   b. but_____

2. b_____
   a. w_____
   b. t_____

3. ch_____
   a. st_____
   b. sh_____

4. h_____
   a. st_____
   b. c_____

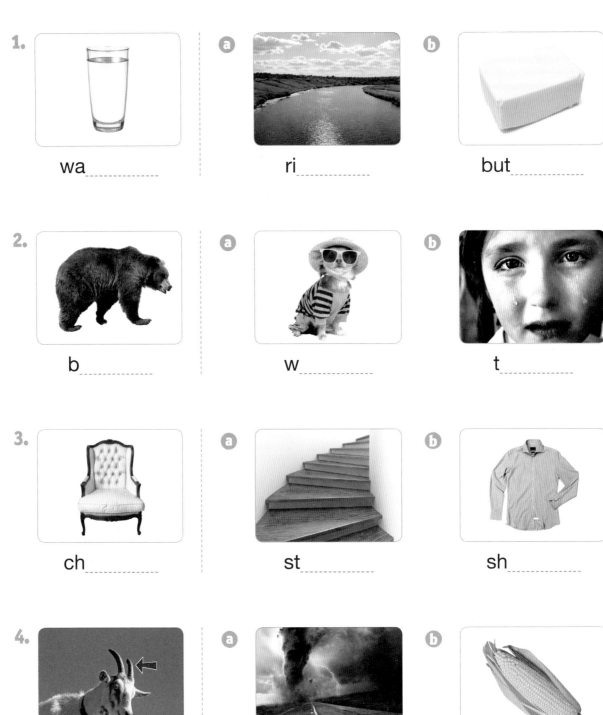

D Choose the best word.

1. His father is a bus _____.
   a fever   b river   c driver

2. _____ your mouth, please.
   a Cover   b Sister   c Butter

3. Can you _____ me?
   a near   b hear   c tear

4. I _____ for the team.
   a peer   b deer   c cheer

5. They often _____ late.
   a fork   b pork   c work

6. She has long _____.
   a fair   b hair   c pair

7. I didn't hear the _____.
   a port   b short   c horn

8. I was _____ in May.
   a thorn   b born   c corn

9. Don't ride the _____.
   a horse   b nurse   c purse

10. _____ left at the corner.
   a Burn   b North   c Turn

또박또박
큰 소리로 읽기

Chant 1

리듬에 맞춰
큰 소리로 읽기

Chant 2

ch-

① chalk

② chase

③ cheap

④ cheek

⑤ chess

⑥ chick

⑦ child

⑧ change

⑨ cheese

⑩ cherry

⑪ chilly

⑫ church

Say, trace, and write.

ch-

[tʃ]

1 chalk
분필

2 chase
뒤쫓다

3 cheap
값이 싼

4 cheek
뺨

5 chess
체스

6 chick
병아리

7 child
아이

8 change
변하다, 바꾸다

9 cheese
치즈

10 cherry
체리

11 chilly
쌀쌀한

12 church
교회

Practice

A **Listen and write.**

1. ch_____s_____

2. ch_____p

3. ch_____ss

4. ch_____s_____

5. ch_____lk

6. ch_____ck

7. ch_____ll_____

8. ch_____rch

9. ch_____ng_____

B **Look and mark.**

1.

chess ☐
cheese ☐
church ☐

2.

change ☐
cheek ☐
cheap ☐

3.

chalk ☐
cheap ☐
change ☐

4.

chilly ☐
child ☐
chase ☐

5.

chess ☐
cherry ☐
chick ☐

6.

chalk ☐
church ☐
cheek ☐

C Guess and write.

1.

a _____ on the cake

2.

_____ shoes

3.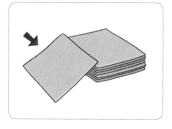

a slice of _____

4.

a young _____

cherry
cheese
child
cheap

Hint
shoes 신발
slice 얇게 썬 조각
young 어린, 젊은

D Read and complete.

1. It's   chilly / cherry   today. 오늘은 쌀쌀해.

2. I didn't go to   cheap / church   . 나는 교회에 안 갔어.

3. I didn't   chase / chalk   him. 나는 그를 안 쫓아갔어.

4. I didn't   change / chess   it. 나는 그것을 안 바꿨어.

5. Give her a kiss on the   cheek / child   . 그녀 볼에 뽀뽀해 줘.

6.   Cheese / Chick   is made from milk. 치즈는 우유로 만들어져.

Hint   today 오늘   give 주다   kiss 입맞춤   be made from ~로 만들어지다   milk 우유

또박또박
큰 소리로 읽기

Chant 1

리듬에 맞춰
큰 소리로 읽기

Chant 2

-ch

① **itch**

② **rich**

③ **beach**

④ **bench**

⑤ **catch**

⑥ **hatch**

⑦ **lunch**

⑧ **match**

⑨ **teach**

⑩ **touch**

⑪ **watch**

⑫ **branch**

Say, trace, and write.

-ch

[tʃ]

① **itch**
가렵다 / 가려움

② **rich**
부유한

③ **beach**
해변, 바닷가

④ **bench**
벤치, 긴 의자

⑤ **catch**
잡다

⑥ **hatch**
부화하다

⑦ **lunch**
점심

⑧ **match**
경기, 시합

⑨ **teach**
가르치다

⑩ **touch**
만지다

⑪ **watch**
보다 / 시계

⑫ **branch**
나뭇가지

Practice

A Listen and write.

1. l____nch
2. b____ch
3. c____tch

4. r____ch
5. br____nch
6. h____tch

7. ____tch
8. t____ch
9. w____tch

B Look and mark.

1.

bench ☐
beach ☐
branch ☐

2.

touch ☐
watch ☐
teach ☐

3.

catch ☐
hatch ☐
match ☐

4.

lunch ☐
rich ☐
branch ☐

5.

itch ☐
rich ☐
beach ☐

6.

bench ☐
match ☐
touch ☐

C Guess and write.

1.

_____ a ball

2.

a _____ umbrella

3.

a _____ box

4.

_____ TV

beach
watch
catch
lunch

Hint
ball 공
umbrella 우산

D Read and complete.

1. I   itch / catch   all over my body.   나는 온몸이 가려워.

2. I'm not   rich / beach   .   나는 부자가 아니야.

3. I'll sit on the   bench / branch   .   나는 저 의자에 앉을 거야.

4. I'll   touch / teach   you English.   네게 영어를 가르쳐 줄게.

5. I'll have pizza for   match / lunch   .   나는 점심으로 피자를 먹을 거야.

6. I'll   watch / hatch   TV tonight.   나는 오늘 밤에 TV를 볼 거야.

Hint   body 몸   English 영어   pizza 피자   tonight 오늘 밤

65

또박또박
큰 소리로 읽기

Chant 1

Day
13

리듬에 맞춰
큰 소리로 읽기

Chant 2

-igh

① **h**igh

② **s**igh

③ **th**igh

-ight

④ **f**ight

⑤ **l**ight

⑥ **n**ight

⑦ **r**ight

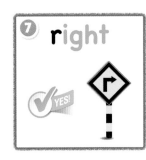

⑧ **t**ight

⑨ **c**ough

-ough

⑩ **r**ough

⑪ **t**ough

⑫ **en**ough

Say, trace, and write.

-igh

[ai]

1 high
높은 / 높이

2 sigh
한숨 쉬다 / 한숨

3 thigh
허벅지

-ight

[ait]

4 fight
싸우다 / 싸움

5 light
빛 / 가벼운

6 night
밤

7 right
옳은 / 오른쪽의

8 tight
꽉 끼는, 빡빡한

-ough

[ɔːf/ʌf]

9 cough
기침하다 / 기침

10 rough
거친

11 tough
힘든, 어려운

12 enough
충분한

Practice

A Listen and write.

1. t_____gh

2. r_____gh

3. h____gh

4. s____gh

5. n____ght

6. f____ght

7. t____ght

8. ____n_____gh

9. l____ght

B Look and mark.

1.

light ☐

right ☐

tight ☐

2.

high ☐

sigh ☐

thigh ☐

3.

tight ☐

thigh ☐

tough ☐

4.

rough ☐

cough ☐

enough ☐

5.

fight ☐

light ☐

night ☐

6.

sigh ☐

thigh ☐

cough ☐

C Guess and write.

1.

a street _____

2.

a _____ wall

3.

_____ pants

4.

Good _____!

tight
night
light

Hint

street 거리, 도로

wall 벽, 담

pants 바지

D Read and complete.

1. I have a   cough / rough   . 난 기침이 나.

2. I have a   sigh / high   fever. 난 고열이 있어.

3. Have a good   night / fight   . 잘 자.

4. Raise your   right / light   hand. 오른손을 들어.

5. That's   tough / enough   . 이제 됐어[충분해].

6. The pants are too   tight / thigh   . 바지가 너무 꽉 끼어.

Hint fever 열   good 좋은   raise 올리다   pants 바지   too 너무, 매우

69

Day 14

또박또박
큰 소리로 읽기

Chant 1

리듬에 맞춰
큰 소리로 읽기

Chant 2

ph-

① **ph**one

② **ph**oto

-ph-

③ dol**ph**in

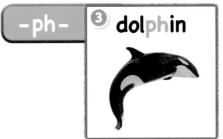

④ al**ph**abet

⑤ ele**ph**ant

⑥ xylo**ph**one

-sh

⑦ ca**sh**

⑧ di**sh**

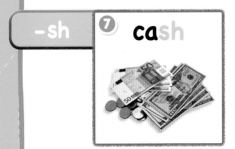

⑨ pu**sh**

⑩ bru**sh**

⑪ fre**sh**

⑫ tra**sh**

70

Learn   Say, trace, and write.

ph-
[f]

① phone
전화, 전화기

② photo
사진

-ph-
[f]

③ dolphin
돌고래

④ alphabet
알파벳

⑤ elephant
코끼리

⑥ xylophone
실로폰

-sh
[ʃ]

⑦ cash
현금, 현찰

⑧ dish
접시

⑨ push
밀다

⑩ brush
붓, 솔 / 솔질하다

⑪ fresh
신선한, 새로운

⑫ trash
쓰레기

Practice

A Listen and write.

1. d_____lph_____n
2. d_____sh
3. p_____sh
4. br_____sh
5. ph_____t_____
6. tr_____sh
7. ph_____n_____
8. _____l_____ph_____nt
9. _____lph_____b_____t

B Look and mark.

1.

   push ☐
   cash ☐
   dish ☐

2.

   phone ☐
   dolphin ☐
   photo ☐

3.

   fresh ☐
   push ☐
   brush ☐

4.

   cash ☐
   trash ☐
   dish ☐

5.

   elephant ☐
   alphabet ☐
   xylophone ☐

6.

   phone ☐
   dish ☐
   dolphin ☐

C Guess and write.

1.

do the _____ es

2.

_____ his teeth

3.

a _____ album

4.

a gray _____

elephant
photo
dish
brush

Hint
teeth 이, 치아(복수)
album 앨범
gray 회색의

D Read and complete.

1. I need a   push / dish   . 난 접시가 필요해.

2. I need some   fresh / trash   air. 난 맑은 공기가 필요해.

3. May I use your   phone / photo   ? 네 전화기 좀 써도 될까?

4. May I use your   cash / brush   ? 네 붓 좀 써도 될까?

5. I saw a(n)   dolphin / elephant   at the zoo. 난 동물원에서 코끼리를 봤어.

6. The English   alphabet / xylophone   has 26 letters. 영어 알파벳은 26자가 있어.

Hint   need ~을 필요로 하다   air 공기   use 사용하다   saw 보았다, see(보다)의 과거형   zoo 동물원   letter 글자

Day
15
또박또박
큰 소리로 읽기
Chant 1

리듬에 맞춰
큰 소리로 읽기
Chant 2

sh -

① **sh**y

② **sh**ut

③ **sh**oes

④ **sh**ake

⑤ **sh**ark

⑥ **sh**ave

⑦ **sh**elf

⑧ **sh**are

⑨ **sh**out

⑩ **sh**adow

⑪ **sh**rimp

⑫ **sh**ampoo

sh –

[ʃ]

① **shy**
수줍은

② **shut**
닫다

③ **shoes**
신발

④ **shake**
흔들다

⑤ **shark**
상어

⑥ **shave**
면도하다

⑦ **shelf**
선반

⑧ **share**
나누다, 공유하다

⑨ **shout**
외치다

⑩ **shadow**
그림자

⑪ **shrimp**
새우

⑫ **shampoo**
샴푸 / 샴푸로 머리를 감다

Practice

A **Listen and write.**

1. sh____k____

2. sh____v____

3. sh____r____

4. sh_____s

5. sh____t

6. sh____mp_____

7. sh____d_____

8. shr____mp

9. sh_____t

B **Look and mark.**

1.

shark ☐
shave ☐
shake ☐

2.

shelf ☐
share ☐
shy ☐

3.

shake ☐
shout ☐
shave ☐

4.

shadow ☐
shrimp ☐
shampoo ☐

5.

shut ☐
shake ☐
share ☐

6.

shelf ☐
shut ☐
shark ☐

C Guess and write.

1.

shine _____

2.

a white _____

3.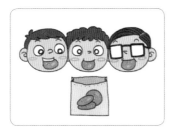

_____ cookies

4.

a book _____

shark
share
shelf
shoes

Hint
shine 빛내다
white 흰, 흰색의
cookie 쿠키, 과자

D Read and complete.

1. Put on the   shoes / shout   . 그 신발을 신어라.

2.   Shake / Shave   the bottle well. 그 병을 잘 흔들어라.

3.   Shout / Shut   the door, please. 문 좀 닫아 주세요.

4. I use the   shampoo / shadow   . 난 그 샴푸를 써.

5. My father   shaves / shares   every morning. 우리 아빠는 매일 아침 면도를 하셔.

6. My mother cooks   shrimp / shark   well. 우리 엄마는 새우 요리를 잘 하셔.

Hint put on 신다, 입다   bottle 병   well 잘   use 사용하다   every morning 매일 아침   cook 요리하다

Review Test 3
• Day 11-15 •

A Go down the ladders and fill in the blanks.

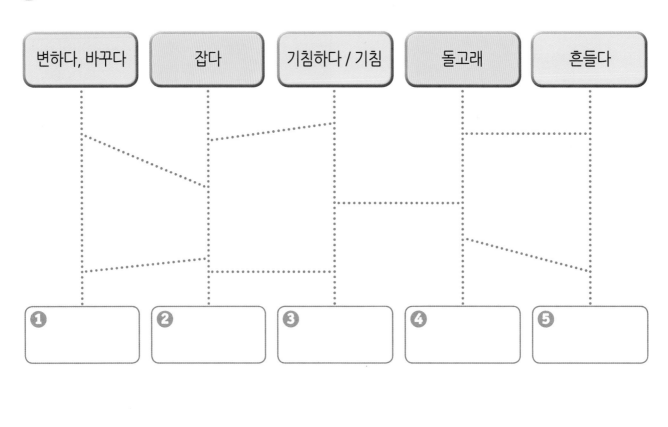

변하다, 바꾸다	잡다	기침하다 / 기침	돌고래	흔들다
①	②	③	④	⑤

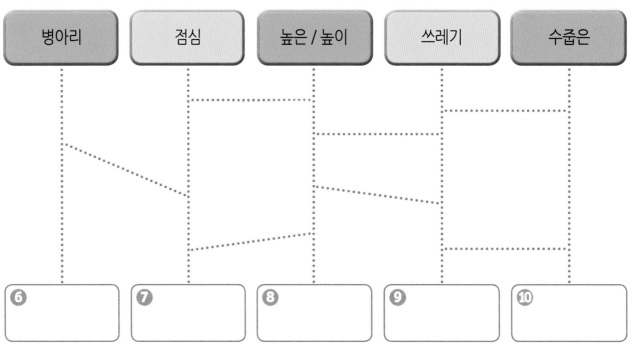

병아리	점심	높은 / 높이	쓰레기	수줍은
⑥	⑦	⑧	⑨	⑩

B **Group the word families.**

enough   fight   rough   hatch   child   tight
light   cheap   cheek   itch   cough   match

1. **ch –**

chalk

2. **– ch**

branch

3. **– ough**

tough

4. **– ight**

night

alphabet   cash   fresh   xylophone   share
shut   high   shave   dish   dolphin   sigh

5. **– igh**

thigh

6. **– ph –**

elephant

7. **– sh**

brush

8. **sh –**

shout

C Circle the correct beginning or ending.

1.

_____alk   _____eese

(ch)   sh   ph

2.

ben_____   hat_____

ch   sh   ph

3.

thi_____   si_____

ch   sh   gh

4.

cou_____   rou_____

gh   ght   sh

5.

_____one   _____oto

ch   ph   sh

6.

_____ark   _____rimp

ph   ch   sh

D Choose the best word.

1. It's _____ today.
   a change   **b** chilly   **c** chess

2. _____ is made from milk.
   a Church   **b** Chalk   **c** Cheese

3. I'm not _____.
   a catch   **b** bench   **c** rich

4. I'll have pizza for _____.
   a lunch   **b** match   **c** watch

5. I have a _____.
   a tough   **b** cough   **c** high

6. The pants are too _____.
   a tight   **b** fight   **c** night

7. I need some _____ air.
   a cash   **b** dish   **c** fresh

8. May I use your _____?
   a elephant   **b** push   **c** phone

9. _____ the door, please.
   a Shut   **b** Shy   **c** Shake

10. Put on the _____.
    a shout   **b** shoes   **c** share

또박또박
큰 소리로 읽기
Chant 1

리듬에 맞춰
큰 소리로 읽기
Chant 2

th-

① **th**ank

② **th**ick

③ **th**ief

④ **th**ink

⑤ **th**ree

⑥ **th**row

⑦ **th**irsty

⑧ **th**under

-th

⑨ ba**th**

⑩ clo**th**

⑪ mou**th**

⑫ too**th**
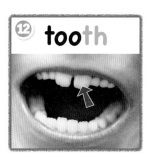

82

th-

[θ]

1. **thank**
감사하다

2. **thick**
두꺼운 / 짙은

3. **thief**
도둑

4. **think**
생각하다

5. **three**
3, 셋

6. **throw**
던지다

7. **thirsty**
목이 마른

8. **thunder**
천둥

-th

[θ]

9. **bath**
목욕

10. **cloth**
천, 옷감

11. **mouth**
입

12. **tooth**
이, 이빨

Practice

A Listen and write.

1. b____th

2. th____rsty

3. thr_____

4. th____ck

5. th____nk

6. thr_____

7. m_____th

8. t_____th

9. th____nd____r

B Look and mark.

1.

cloth ☐

tooth ☐

bath ☐

2.

thief ☐

thank ☐

throw ☐

3.

thick ☐

thief ☐

thirsty ☐

4.

cloth ☐

mouth ☐

throw ☐

5.

three ☐

thunder ☐

thick ☐

6.

tooth ☐

think ☐

thirsty ☐

C Guess and write.

1.

a _____ coat

2.

take a _____

3.

_____ away

4.

a _____ doll

bath
throw
cloth
thick

D Read and complete.

1. My   mouth / tooth   still hurts. 이가 여전히 아파.

2.   Thank / Throw   you very much. 정말 감사합니다.

3. I   thick / think   so. 나도 그렇게 생각해.

4. Are you   thirsty / thief   ? 목마르니?

5. Are you   thunder / three   years old? 넌 3살이니?

6. Are you taking a   bath / cloth   ? 목욕 중이니?

Day
17

또박또박
큰 소리로 읽기
Chant 1

리듬에 맞춰
큰 소리로 읽기
Chant 2

wh-

① who

② why

③ what

④ when

⑤ where

⑥ which

⑦ whip

⑧ wheat

⑨ whisker

⑩ whisper

⑪ whistle

⑫ whole

wh-

Say, trace, and write.

wh-

[*h*w]

① who
누구

② why
왜

③ what
무엇

④ when
언제

⑤ where
어디

⑥ which
어떤, 어느

⑦ whip
휘저어 거품을 내다

⑧ wheat
밀

⑨ whisker
수염, 구렛나루

⑩ whisper
속삭이다

⑪ whistle
휘파람을 불다 / 호루라기

wh-

[h]

⑫ whole
모든 / 전체

Practice

A Listen and write.

1. wh_____l_____
2. wh_____sk_____r
3. wh_____sp_____r

4. wh_____ _____t
5. wh_____t
6. wh_____r_____

7. wh_____p
8. wh_____stl_____
9. wh_____ch

B Look and mark.

1.

who ☐
why ☐
what ☐

2.

where ☐
which ☐
when ☐

3.

whisper ☐
whistle ☐
whisker ☐

4.

whip ☐
wheat ☐
what ☐

5.

whole ☐
whip ☐
whisker ☐

6.

whistle ☐
which ☐
whisper ☐

C Guess and write.

1.

_____ping cream

2.

blow a _____

| whistle |
| whole |
| whisker |
| whip |

3.

a cat's _____

4.

the _____ world

Hint
cream 크림
blow 불다
world 세계

D Read and complete.

1. Why / Who   is that boy? 저 소년은 누구니?

2. What / Where   are you going? 어디 가니?

3. Which / When   is yours? 어느 쪽이 네 것이니?

4. Cats have   whiskers / whisper . 고양이는 콧수염이 있어.

5. The bread is made of   whip / wheat . 그 빵은 밀로 만들어졌어.

6. I will eat a   whole / whistle   pizza. 난 피자 한 판을 다 먹을 거야.

Hint   that 저   yours 너의 것   bread 빵   be made of ~로 만들어지다

89

Chant 1

Chant 2

또박또박
큰 소리로 읽기

리듬에 맞춰
큰 소리로 읽기

kn-

① **kn**ee
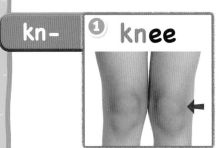

② **kn**ob

③ **kn**ot

④ **kn**ow

⑤ **kn**eel

⑥ **kn**ight

qu-

⑦ **qu**iz

⑧ **qu**een

⑨ **qu**ick

⑩ **qu**iet

⑪ **qu**ilt

⑫ **qu**arter

kn-

[n]

① knee
무릎

② knob
손잡이

③ knot
매듭

④ know
알다

⑤ kneel
무릎을 꿇다

⑥ knight
기사

qu-

[kw]

⑦ quiz
퀴즈

⑧ queen
여왕

⑨ quick
빠른, 신속한

⑩ quiet
조용한

⑪ quilt
누비이불, 퀼트

⑫ quarter
1/4, 15분

Practice

A Listen and write.

1. kn_____ _____

2. kn_____ _____

3. kn_____t

4. kn_____ _____l

5. kn_____ght

6. q_____ _____ _____t

7. q_____ _____ck

8. q_____ _____ _____n

9. q_____ _____rt_____r

B Look and mark.

1.

quilt ☐

quiz ☐

quarter ☐

2.

quick ☐

queen ☐

quiet ☐

3.

knight ☐

kneel ☐

knot ☐

4.

kneel ☐

knee ☐

know ☐

5.

knob ☐

know ☐

knee ☐

6.

quiz ☐

quilt ☐

quick ☐

C Guess and write.

1.

a _____ past ten

2.

_____ down

3.

tie a _____

4.

a _____ injury

knee
knot
kneel
quarter

 Hint
past 지난
tie 묶다
injury 부상, 상처

D Read and complete.

1. Here's a pop   quiz / quilt   . 깜짝 퀴즈 하나 낼게.

2. Be   quick / quiet   , please. 조용히 해 주세요.

3. Bend your   knob / knees   , please. 무릎을 구부리세요.

4. Do I   know / knot   you? 저를 아세요?

5. He became a   kneel / knight   . 그는 기사가 되었어.

6. It is a   queen / quarter   bee. 이게 여왕벌이야.

Hint pop 갑자기, 불쑥   bend 구부리다   became ~이 되었다, become(~이 되다)의 과거형   bee 벌

Day
19

또박또박
큰 소리로 읽기
Chant 1

리듬에 맞춰
큰 소리로 읽기
Chant 2

-mb

① **bomb**

② **comb**

③ **lamb**

④ **tomb**

⑤ **climb**

⑥ **thumb**

-ng

⑦ **bang**

⑧ **hang**

⑨ **long**

⑩ **sing**

⑪ **along**

⑫ **belong**

Say, trace, and write.

-mb

[m]

① **bomb**
폭탄

② **comb**
빗 / 빗질하다

③ **lamb**
새끼 양

④ **tomb**
무덤

⑤ **climb**
오르다, 등반하다

⑥ **thumb**
엄지손가락

-ng

[ŋ]

⑦ **bang**
탕 치다

⑧ **hang**
걸다, 매달다

⑨ **long**
긴

⑩ **sing**
노래하다

⑪ **along**
~을 따라

⑫ **belong**
~에 속하다

Practice

A Listen and write.

1. c____mb   2. t____mb   3. th____mb

4. b____ng   5. h____ng   6. cl____mb

7. b____l____ng   8. b____mb   9. s____ng

B Look and mark.

1.

bomb ☐
tomb ☐
lamb ☐

2.

climb ☐
comb ☐
thumb ☐

3.

comb ☐
bomb ☐
tomb ☐

4.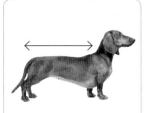

along ☐
long ☐
belong ☐

5.

bang ☐
hang ☐
sing ☐

6.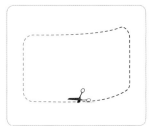

hang ☐
sing ☐
along ☐

C Guess and write.

1.

_____ aloud

2.

_____ up!

3.

roast _____

4.

a time _____

bomb
sing
Thumb
lamb

Hint
aloud 큰 소리로
roast 구운
time 시간

D Read and complete.

1. They   belong / along   to me. 그것들은 내 거야.

2. I like to   hang / sing   . 난 노래 부르는 것을 좋아해.

3. I like to   climb / thumb   the tree. 난 나무 타는 것을 좋아해.

4. I like to feed a   lamb / tomb   . 난 새끼 양을 먹이는 것을 좋아해.

5. I don't like to   bomb / comb   my hair. 난 머리 빗는 것을 안 좋아해.

6. How   bang / long   is the river? 그 강은 얼마나 길어?

Hint   tree 나무   feed 먹이를 주다   hair 머리카락   how 얼마나   river 강

97

또박또박
큰 소리로 읽기
Chant 1

Day
20

리듬에 맞춰
큰 소리로 읽기
Chant 2

bl –

① **bl**ank

② **bl**end

③ **bl**ink

④ **bl**ock

⑤ **bl**ood
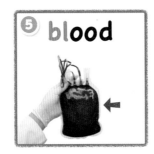

⑥ **bl**oom

cl –

⑦ **cl**ass

⑧ **cl**ean

⑨ **cl**ick

⑩ **cl**erk

⑪ **cl**oset

⑫ **cl**othes

Say, trace, and write.

bl –
[bl]

1. **blank**
빈칸 / 비어 있는

2. **blend**
섞다

3. **blink**
눈을 깜빡이다

4. **block**
막다, 방해하다

5. **blood**
피

6. **bloom**
꽃을 피우다

cl –
[kl]

7. **class**
학급 / 수업

8. **clean**
깨끗한 / 청소하다

9. **click**
클릭하다

10. **clerk**
점원, 판매원

11. **closet**
벽장

12. **clothes**
옷, 의복

Practice

A Listen and write.

1. bl_____ck
2. bl_____m
3. cl_____n

4. cl_____rk
5. cl_____s_____t
6. cl_____ck

7. bl_____d
8. bl_____nk
9. cl_____ss

B Look and mark.

1.

blink ☐
click ☐
block ☐

2.

clerk ☐
blend ☐
clean ☐

3.

blend ☐
bloom ☐
class ☐

4.

clerk ☐
clothes ☐
closet ☐

5.

block ☐
blend ☐
bloom ☐

6.

click ☐
class ☐
clean ☐

C Guess and write.

1.

a gym _____

2.

change _____

3.

a sales _____

4.

_____ colors

clothes
class
blend
clerk

Hint
gym 체육관, 운동
change 바꾸다,
(옷을) 갈아입다
sales 판매의
color 색

D Read and complete.

1. Fill in the   blend / blanks   . 빈칸을 채우세요.

2.   Click / Clerk   this red button. 이 빨간 버튼을 클릭하세요.

3. Did you   blink / block   your eyes? 넌 눈을 깜박였어?

4. Did you   clean / class   your room? 네 방 청소했어?

5. Did you buy the   closet / clothes   ? 그 옷 산 거야?

6. Sunflowers   bloom / blood   in summer. 해바라기는 여름에 꽃이 펴요.

Hint   fill in 써넣다, 기입하다   red 빨간   button 버튼, 단추   sunflower 해바라기   summer 여름

Review Test 4
• Day 16-20 •

A Go down the ladders and fill in the blanks.

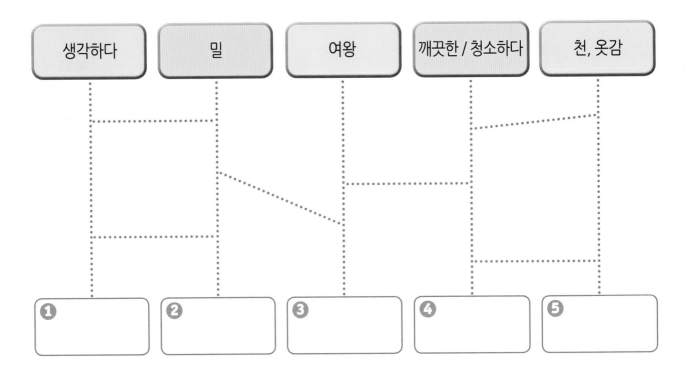

생각하다   밀   여왕   깨끗한 / 청소하다   천, 옷감

① ② ③ ④ ⑤

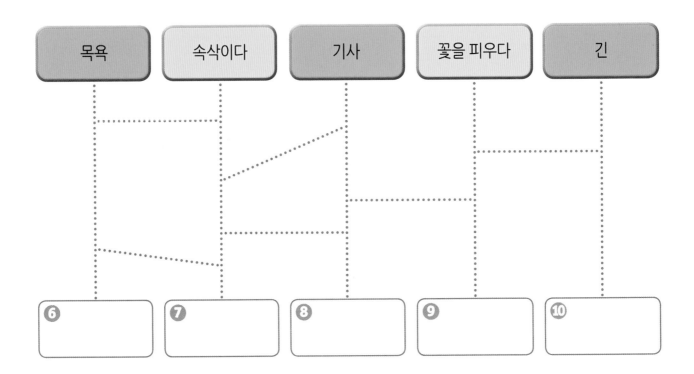

목욕   속삭이다   기사   꽃을 피우다   긴

⑥ ⑦ ⑧ ⑨ ⑩

B Group the word families.

knee   thief   knot   quiet   throw   whisker
where   thunder   quilt   whistle   knob   quiz

1. th-

thick

2. wh-

whip

3. kn-

know

4. qu-

quick

belong   clerk   blink   lamb   bloom   tomb
closet   along   class   bang   blend   bomb

5. -mb

climb

6. -ng

long

7. bl-

blank

8. cl-

click

C Circle the correct beginning or ending.

1.

_____ o   _____ en

th   wh   qu

2.

thu_____   cli_____

th   mb   ng

3.

_____ ree   mou_____

th   sh   cl

4.

si_____   ha_____

th   mb   ng

5.

_____ iet   _____ ilt

bl   wh   qu

6.

_____ ock   _____ ood

bl   cl   wh

Choose the best word.

1. My _____ still hurts. ⓐ bath ⓑ tooth ⓒ cloth

2. _____ you very much. ⓐ Think ⓑ Thank ⓒ Throw

3. I will eat a _____ pizza. ⓐ whisker ⓑ whip ⓒ whole

4. _____ is that boy? ⓐ When ⓑ Who ⓒ Whip

5. Bend your _____s, please. ⓐ knee ⓑ kneel ⓒ know

6. Here's a pop _____. ⓐ quick ⓑ quilt ⓒ quiz

7. I like to _____ the tree. ⓐ comb ⓑ lamb ⓒ climb

8. How _____ is the river? ⓐ long ⓑ sing ⓒ along

9. Did you _____ your room? ⓐ clean ⓑ click ⓒ class

10. Sunflowers _____ in summer. ⓐ blank ⓑ bloom ⓒ blood

Day
21

또박또박
큰 소리로 읽기

Chant 1

리듬에 맞춰
큰 소리로 읽기

Chant 2

fl -

① **flap**

② **flat**

③ **flame**

④ **flash**

⑤ **flood**

⑥ **flour**

gl -

⑦ **glow**

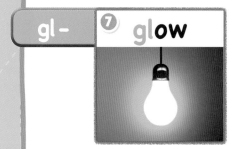

⑧ **glass**

⑨ **globe**

⑩ **glove**

⑪ **glance**

⑫ **glider**

Learn

Say, trace, and write.

fl –

[fl]

① **flap**
날개를 퍼덕거리다

② **flat**
납작한 / 펑크 난

③ **flame**
불꽃, 화염

④ **flash**
비추다 / 번쩍임

⑤ **flood**
홍수

⑥ **flour**
밀가루

gl –

[gl]

⑦ **glow**
은은하게 빛나다

⑧ **glass**
유리, 유리잔

⑨ **globe**
지구본

⑩ **glove**
장갑, 글러브

⑪ **glance**
흘깃 보다

⑫ **glider**
글라이더

A Listen and write.

1. fl____t
2. gl____ss
3. fl____sh
4. gl____v____
5. gl_____ ____
6. fl____m____
7. gl____nc____
8. gl____d____r
9. fl_____ ____r

B Look and mark.

1.

flood ☐
flash ☐
flame ☐

2.

flap ☐
flat ☐
flood ☐

3.

flour ☐
flash ☐
flame ☐

4.

glove ☐
glider ☐
globe ☐

5.

glow ☐
glass ☐
glance ☐

6.

glove ☐
glance ☐
glider ☐

C Guess and write.

1.

a _____ tire

2.

a _____-screen TV

flame
flat
glass
flat

3.

a _____ of water

4.

a house in _____s

Hint
tire 타이어
screen 스크린, 화면
water 물
house 집

D Read and complete.

1. Bring me the   globe / gloves   . 그 장갑 좀 갖다 줘.

2. Bring me some   flour / flame   . 밀가루 좀 갖다 줘.

3. Bring me a   glass / glow   of water. 물 한 잔만 갖다 줘.

4. The floor is   flap / flat   . 그 바닥은 평평해.

5. I didn't   glance / glider   at her. 나는 그녀를 흘깃 보지 않았어.

6. The heavy rain caused a   flood / flash   . 폭우로 인해 홍수가 났어.

Hint   bring 가지고 오다   a glass of water 물 한 잔   floor 바닥   heavy 무거운, 심한   cause ~을 일으키다

Day 22

또박또박
큰 소리로 읽기
Chant 1

리듬에 맞춰
큰 소리로 읽기
Chant 2

pl-

① **pl**um

② **pl**ace

③ **pl**ane

④ **pl**ant

⑤ **pl**ug

⑥ **pl**anet

sl-

⑦ **sl**ow

⑧ **sl**ave

⑨ **sl**ope

⑩ **sl**eeve

⑪ **sl**ogan

⑫ **sl**ipper

110

Learn

Say, trace, and write.

pl –
[pl]

1. **plum**
자두

2. **place**
장소, 곳

3. **plane**
비행기

4. **plant**
식물 / 심다

5. **plug**
(전기) 플러그 / 마개

6. **planet**
행성

sl –
[sl]

7. **slow**
느린

8. **slave**
노예

9. **slope**
경사지, 비탈

10. **sleeve**
소매

11. **slogan**
구호, 슬로건

12. **slipper**
실내화

Practice

A Listen and write.

1. pl_____nt

2. pl_____n_____

3. pl_____n_____t

4. sl_____v_____

5. sl_____

6. sl_____ _____v_____

7. pl_____g

8. sl_____g_____n

9. pl_____m

B Look and mark.

1.

plane ☐

planet ☐

plant ☐

2.

plug ☐

plum ☐

place ☐

3.

place ☐

planet ☐

plane ☐

4.

slave ☐

slow ☐

sleeve ☐

5.

slogan ☐

slope ☐

slipper ☐

6.

slave ☐

slogan ☐

sleeve ☐

C Guess and write.

1.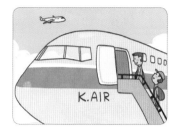

get on a _____

2.

a short-_____d shirt

| slope |
| slipper |
| plane |
| sleeve |

3.

a ski _____

4.

a pair of _____s

Hint
get on ~에 타다
short 짧은
pair 짝, 쌍

D Read and complete.

1. He is very   slow / slave . 그는 매우 느려.

2. The   sleeve / slope   is very steep. 그 경사면은 매우 가파르다.

3. The   plane / plant   is landing. 그 비행기는 착륙 중이야.

4. The   slippers / slogan   are soft. 그 슬리퍼는 폭신폭신해.

5. There is no   place / plum   like home. 집과 같은 곳은 없다.

6. The Earth is our home   plug / planet . 지구는 우리의 고향 행성이야.

Hint   steep 가파른   land 착륙하다   soft 부드러운   like ~와 같은   home 집, 고향   earth 지구

Day 23

또박또박
큰 소리로 읽기
Chant 1

리듬에 맞춰
큰 소리로 읽기
Chant 2

br-

① **br**ave

② **br**ick

③ **br**oom

④ **br**idge

⑤ **br**ight

⑥ **br**other

cr-

⑦ **cr**ab

⑧ **cr**ash
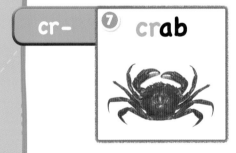

⑨ **cr**awl

⑩ **cr**oss

⑪ **cr**owd

⑫ **cr**ayon

br –

[br]

① **brave**
용감한

② **brick**
벽돌

③ **broom**
빗자루

④ **bridge**
다리

⑤ **bright**
밝은

⑥ **brother**
형, 오빠, 남동생

cr –

[kr]

⑦ **crab**
게

⑧ **crash**
충돌하다

⑨ **crawl**
기다, 기어가다

⑩ **cross**
(길을) 건너다

⑪ **crowd**
군중

⑫ **crayon**
크레용

Practice

A Listen and write.

1. cr____b
2. cr____sh
3. br____v____
4. br____dg____
5. cr____ss
6. cr_____d
7. br____ght
8. br_____m
9. cr_____n

B Look and mark.

1.

bright ☐
broom ☐
brave ☐

2.

broom ☐
brick ☐
bridge ☐

3.

bright ☐
bridge ☐
brother ☐

4.

crab ☐
crash ☐
crawl ☐

5.

crowd ☐
cross ☐
crayon ☐

6.

cross ☐
crowd ☐
crash ☐

C Guess and write.

1.

   build a _____ wall

2.

   a _____ room

3.

   sweep with a _____

4.

   _____ the road

cross
broom
bright
brick

D Read and complete.

1. This is my   brother / bright   . 얘가 내 남동생이야.

2. You are very   brick / brave   . 너는 참 용감해.

3. That's a very big   crab / crash   . 저것은 참 큰 게다.

4. We have to   cross / crawl   the river. 우리는 그 강을 건너야 해.

5. There is a   bridge / broom   over the river. 강 위로 다리가 하나 있어.

6. He draws with   crayons / crowds   . 그는 크레용으로 그림을 그려.

또박또박
큰 소리로 읽기

Chant 1

리듬에 맞춰
큰 소리로 읽기

Chant 2

Day 24

dr-

① drip
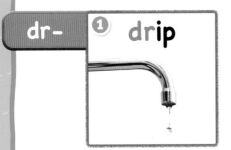

② drum

③ dress

④ drink

⑤ drive

⑥ dragon

fr-

⑦ free

⑧ front

⑨ frost

⑩ fruit

⑪ freeze

⑫ friend

Say, trace, and write.

dr-
[dr]

1. **drip**
똑똑 떨어지다

2. **drum**
북, 드럼

3. **dress**
드레스 / 옷을 입다

4. **drink**
마시다

5. **drive**
운전하다

6. **dragon**
용

fr-
[fr]

7. **free**
무료의 / 한가한

8. **front**
앞 / 앞의

9. **frost**
서리, 성에

10. **fruit**
과일, 열매

11. **freeze**
얼다

12. **friend**
친구

 **Practice**

1. dr____nk

2. dr____m

3. fr____nt

4. fr_____

5. dr____g____n

6. fr____st

7. fr_____t

8. fr_____z___

9. dr____v___

B **Look and mark.**

1.

drum ☐

drip ☐

drink ☐

2.

drive ☐

dress ☐

dragon ☐

3.

dress ☐

drum ☐

dragon ☐

4.

front ☐

frost ☐

fruit ☐

5.

friend ☐

freeze ☐

free ☐

6.

free ☐

front ☐

friend ☐

C Guess and write.

1.

.... a car

2.

.... parking

3.

.... well

4.

play the ....

drum
dress
free
drive

D Read and complete.

1. I like   fruit / frost   . 나는 과일을 좋아해.

2. I am   free / front   now. 나는 지금 한가해.

3.   Drive / Drink   carefully, please. 운전 조심하세요.

4. It's the year of the   drip / dragon   this year. 올해는 용의 해야.

5. You are a good   friend / freeze   . 넌 좋은 친구야.

6. I can play the   drum / dress   . 나는 드럼을 칠 수 있어.

또박또박
큰 소리로 읽기

Chant 1

Day
25

리듬에 맞춰
큰 소리로 읽기

Chant 2

gr-

① **gr**ade
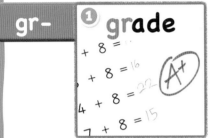

② **gr**ape

③ **gr**ass

④ **gr**eat

⑤ **gr**een

⑥ **gr**oup

pr-

⑦ **pr**ay

⑧ **pr**ess

⑨ **pr**int

⑩ **pr**etty

⑪ **pr**ince

⑫ **pr**esent

Learn

Say, trace, and write.

gr–
[gr]

❶ grade
성적 / 학년

grade

❷ grape
포도

grape

❸ grass
풀, 잔디

grass

❹ great
대단한, 위대한

great

❺ green
녹색 / 녹색의

green

❻ group
모임, 집단, 무리

group

pr–
[pr]

❼ pray
기도하다

pray

❽ press
누르다

press

❾ print
인쇄하다

print

❿ pretty
예쁜, 귀여운

pretty

⓫ prince
왕자

prince

⓬ present
선물

present

Practice

A Listen and write.

1. pr___nc___
2. gr___p___
3. gr_____p
4. pr___nt
5. pr___tt___
6. gr_____n
7. pr___s___nt
8. gr___ss
9. gr___d___

B Look and mark.

1.

grape ☐
grass ☐
great ☐

2.

green ☐
group ☐
grade ☐

3.

great ☐
grape ☐
group ☐

4.

press ☐
prince ☐
print ☐

5.

pretty ☐
pray ☐
present ☐

6.

pray ☐
present ☐
prince ☐

C Guess and write.

1.

a bunch of _____s

2.

get a good _____

3.

_____ my report

4.

a _____ of children

group
grade
grape
print

Hint
bunch 다발, 송이
get 얻다
report 보고서
children 아이들

D Read and complete.

1. That dress is   print / pretty   . 저 드레스 예뻐.

2. What   grape / grade   are you in? 넌 몇 학년이니?

3. This is a   present / prince   for you. 이건 너에게 주는 선물이야.

4. The rabbit eats   group / grass   . 그 토끼는 풀을 먹어.

5. You have to   press / pray   this button. 이 버튼을 눌러야 해.

6. That's   great / green   news. 그거 굉장한 소식이네.

Hint   rabbit 토끼   eat 먹다   have to ~해야만 한다   button 버튼   news 소식, 뉴스

Review Test 5
• Day 21-25 •

A Go down the ladders and fill in the blanks.

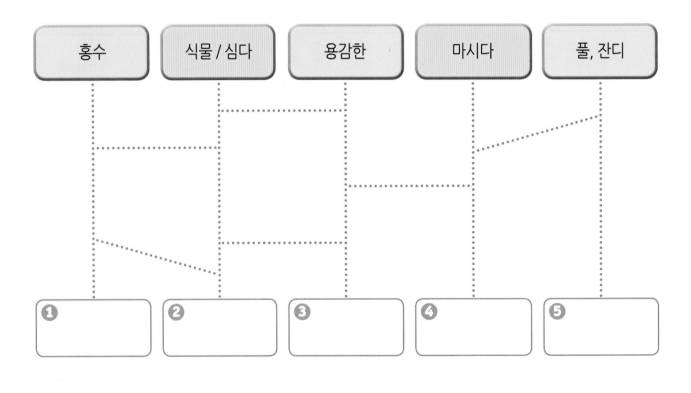

홍수	식물 / 심다	용감한	마시다	풀, 잔디
①	②	③	④	⑤

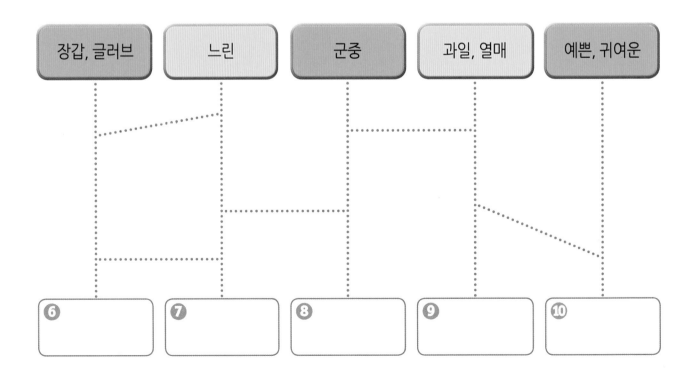

장갑, 글러브	느린	군중	과일, 열매	예쁜, 귀여운
⑥	⑦	⑧	⑨	⑩

126

B Group the word families.

glance flour slipper plug flap glow
place globe flood sleeve plant slave

1. fl–

flash

2. gl–

glider

3. pl–

plane

4. sl–

slope

crawl free bridge dress crayon frost
broom brave dragon drive cross front

5. br–

brick

6. cr–

crash

7. dr–

drip

8. fr–

friend

C Circle the correct beginning.

1.

_____ass   _____ove

fl   gl   pl   sl

2.

_____ane   _____um

fl   gl   pl   sl

3.

_____ick   _____oom

br   cr   dr   fr

4.

_____eeze   _____ost

dr   fr   gr   pr

5.

_____ive   _____um

cl   dr   fl   fr

6.

_____esent   _____ince

gl   gr   pl   pr

D Choose the best word.

1. The floor is _____.　　　　　**a** flat　**b** flap　**c** flour

2. Bring me a _____ of water.　**a** glove　**b** glass　**c** globe

3. He is very _____.　　　　　**a** slave　**b** slipper　**c** slow

4. The Earth is our home _____.　**a** plum　**b** planet　**c** plant

5. You are very _____.　　　　**a** brave　**b** bridge　**c** brick

6. We have to _____ the river.　**a** crab　**b** crayon　**c** cross

7. I am _____ now.　　　　　**a** free　**b** fruit　**c** freeze

8. I can play the _____.　　　**a** drip　**b** drum　**c** drink

9. What _____ are you in?　　**a** grass　**b** great　**c** grade

10. You have to _____ this button.　**a** press　**b** pretty　**c** pray

Day 26

tr-

① **try**

② **tray**

③ **track**

④ **treat**

⑤ **travel**

⑥ **traffic**

wr-

⑦ **wrap**

⑧ **wreck**

⑨ **wrist**

⑩ **write**

⑪ **wrong**

⑫ **wrestle**

Say, trace, and write.

tr-

[tr]

❶ try
~을 해보다 / 노력하다

❷ tray
쟁반

❸ track
트랙, 선로

❹ treat
대하다, 다루다

❺ travel
여행하다

❻ traffic
교통, 차량들

wr-

[r]

❼ wrap
포장하다

❽ wreck
난파선, 사고 차량

❾ wrist
손목

❿ write
쓰다

⓫ wrong
잘못된, 틀린

⓬ wrestle
몸싸움을 벌이다

A Listen and write.

1. tr_____ _____

2. tr_____ _____t

3. tr_____v_____l

4. wr_____p

5. wr_____st

6. wr_____t_____

7. tr_____ff_____c

8. tr_____ck

9. wr_____ng

B Look and mark.

1.

treat ☐
travel ☐
traffic ☐

2.

try ☐
tray ☐
track ☐

3.

track ☐
treat ☐
traffic ☐

4.
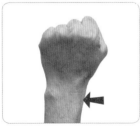

wrist ☐
wrong ☐
write ☐

5.

wreck ☐
wrap ☐
wrestle ☐

6.

wrong ☐
wreck ☐
write ☐

C **Guess and write.**

1.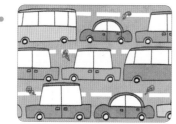

a _____ jam

2.

_____ a present

3.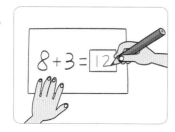

a _____ answer

4.

run on a _____

wrong
traffic
track
wrap

D **Read and complete.**

1. I will   try / tray   again.   다시 시도해 볼게.

2. I will   traffic / travel   the world.   나는 세계 여행을 할 거야.

3. I will   write / wrist   neatly.   깨끗하게 글씨를 쓸게요.

4. I will   wreck / wrap   up the present.   내가 선물을 포장해 줄게.

5. They   treat / track   me like a baby.   그들은 나를 아기 대하듯이 해.

6. What's   wrong / wrestle   with you?   무슨 일이야[뭐가 잘못됐어]?

Day
27

또박또박
큰 소리로 읽기
Chant 1

리듬에 맞춰
큰 소리로 읽기
Chant 2

sc-

① **sc**are

② **sc**arf

③ **sc**old

sc-

④ **sc**ent
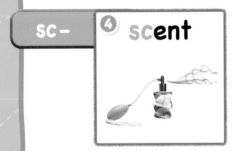

⑤ **sc**ience

⑥ **sc**issors

sk-

⑦ **sk**i

⑧ s**k**y

⑨ **sk**im

⑩ **sk**ill

⑪ **sk**ull

⑫ **sk**etch

sc –
[sk]

① **scare**
겁주다, 두렵게 하다

② **scarf**
스카프, 목도리

③ **scold**
야단치다

sc –
[s]

④ **scent**
향기, 냄새

⑤ **science**
과학

⑥ **scissors**
가위

sk –
[sk]

⑦ **ski**
스키 / 스키를 타다

⑧ **sky**
하늘

⑨ **skim**
대충 읽다

⑩ **skill**
기술, 솜씨

⑪ **skull**
해골

⑫ **sketch**
스케치, 밑그림

A Listen and write.

1. sc____r____
2. sk____ll
3. sc____ss____rs
4. sk____m
5. sk____tch
6. sc_____nc____
7. sc____rf
8. sk____ll
9. sc____ld

B Look and mark.

1.

scold ☐
scarf ☐
scare ☐

2.

scent ☐
scissors ☐
science ☐

3.

skill ☐
scare ☐
sketch ☐

4.

skull ☐
skim ☐
skill ☐

5.

sky ☐
ski ☐
scarf ☐

6.

sketch ☐
skim ☐
skull ☐

C Guess and write.

1.

   good driving _____s

2.

   a _____ book

3.

   cut with _____

4.

   _____ jump

sketch
ski
scissors
skill

Hint

driving 운전
cut 자르다, 오리다
jump 뛰다, 점프하다

D Read and complete.

1. I like   skill / science   a lot. 나는 과학을 무척 좋아해.

2. She likes the   scent / skull   . 그녀는 그 향을 좋아해.

3. They liked your   sketch / scissors   . 그들은 너의 스케치를 좋아했어.

4. Do you   ski / skim   well? 너는 스키를 잘 타니?

5. There are no clouds in the   sky / scarf   . 하늘에 구름 한 점 없어.

6. I didn't   scare / scold   you, did I? 내가 널 겁주지 않았지, 그렇지?

Hint   like ~을 좋아하다   a lot 많이   well 잘   no ~가 없는   cloud 구름

Day
28

또박또박
큰 소리로 읽기

Chant 1

리듬에 맞춰
큰 소리로 읽기

Chant 2

sm –	sn –	sw –

① **sm**all

⑤ **sn**ack

⑨ **sw**eat

② **sm**ash

⑥ **sn**ake

⑩ **sw**ell
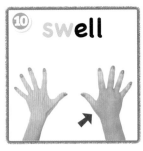

③ **sm**ell

⑦ **sn**ore

⑪ **sw**ing

④ **sm**ooth

⑧ **sn**eeze

⑫ **sw**itch

138

Say, trace, and write.

sm –
[sm]

① **small**
작은

② **smash**
박살내다

③ **smell**
냄새가 나다 / 냄새를 맡다

④ **smooth**
매끄러운

sn –
[sn]

⑤ **snack**
간식

⑥ **snake**
뱀

⑦ **snore**
코를 골다

⑧ **sneeze**
재채기하다

sw –
[sw]

⑨ **sweat**
땀

⑩ **swell**
부풀다, 팽창하다

⑪ **swing**
그네 / 흔들다

⑫ **switch**
스위치 / 전환하다

Practice

A Listen and write.

1. sm _____ ll

2. sn _____ ck

3. sm _____ _____ th

4. sn _____ r _____

5. sw _____ ll

6. sw _____ ng

7. sm _____ ll

8. sn _____ k _____

9. sw _____ tch

B Look and mark.

1.

smash ☐

smell ☐

small ☐

2.

smell ☐

smooth ☐

smash ☐

3.

sneeze ☐

snake ☐

snack ☐

4.

snore ☐

sneeze ☐

snack ☐

5.

switch ☐

swing ☐

sweat ☐

6.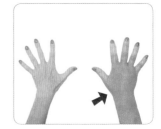

switch ☐

sweat ☐

swell ☐

C Guess and write.

1.

_____ loudly

2.

_____ garlic

3.

_____ on

4.

a _____ bar

snack
snore
switch
smash

D Read and complete.

1. Turn on the   swing / switch . 스위치를 켜라.

2. I am afraid of   snacks / snakes . 나는 뱀이 무서워.

3. You   snore / sneeze   a lot. 너는 코를 많이 골더라.

4. You have really   smooth / smash   skin. 네 피부는 정말 부드러워.

5. This shirt is too   small / smell . 이 셔츠는 너무 작아.

6. My shirt is wet with   swell / sweat . 내 셔츠는 땀에 젖었어.

또박또박
큰 소리로 읽기
Chant 1

Day
29

리듬에 맞춰
큰 소리로 읽기
Chant 2

sp- ① **sp**eak

st- ⑤ **st**ory

⑥ **st**and

② **sp**ell

⑦ **st**ick

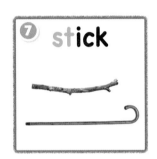

⑧ **st**one

③ **sp**ider

⑨ **st**ove

⑩ **st**udy

④ **sp**oon

⑪ **st**udent

⑫ **st**ation

Learn — Say, trace, and write.

sp –
[sp]

1. **speak** 말하다
2. **spell** 철자를 말하다[쓰다]
3. **spider** 거미
4. **spoon** 숟가락

st –
[st]

5. **story** 이야기
6. **stand** 서다, 서 있다
7. **stick** 막대기 / 붙이다
8. **stone** 돌
9. **stove** 스토브, 난로
10. **study** 공부하다
11. **student** 학생
12. **station** 정류장, 역

Practice

A **Listen and write.**

1. sp____ll

2. sp_____k

3. st____nd

4. st____ck

5. st____n____

6. sp_____n

7. st____d____

8. st____v____

9. st____t_____n

B **Look and mark.**

1.

spider ☐

spell ☐

spoon ☐

2.

speak ☐

spoon ☐

spider ☐

3.

student ☐

station ☐

stove ☐

4.

story ☐

stone ☐

study ☐

5.

stick ☐

stand ☐

station ☐

6.

stand ☐

story ☐

study ☐

C Guess and write.

1.

a _____ of sugar

2.

_____ on a chair

stick
spoon
stove
stand

3.

a hockey _____

4.

a gas _____

Hint
sugar 설탕
chair 의자
hockey 하키
gas 가스

D Read and complete.

1. Where is the bus   station / student   ? 버스 정류장이 어디야?

2. He can   speak / spider   Chinese. 그는 중국어를 말할 수 있어.

3.   Stand / Story   up, please. 일어나세요.

4.   Spell / Spoon   your name, please. 이름의 철자를 말하세요.

5. You should   stove / study   hard. 너는 열심히 공부해야 해.

6. You shouldn't throw   stones / sticks   . 너는 돌을 던지면 안돼.

Hint   where 어디에   Chinese 중국어   name 이름   should ~해야 한다   hard 열심히   throw 던지다

Day 30

또박또박
큰 소리로 읽기
Chant 1

리듬에 맞춰
큰 소리로 읽기
Chant 2

scr-

① s**cr**een

② s**cr**ipt

③ s**cr**oll

④ s**cr**atch

spr-

⑤ s**pr**ay

⑥ s**pr**ing

⑦ s**pr**ead

⑧ s**pr**out

str-

⑨ s**tr**eam

⑩ s**tr**ess

⑪ s**tr**etch

⑫ s**tr**aight

146

Learn

Say, trace, and write.

scr –
[skr]

1. **screen**
   화면

2. **script**
   대본

3. **scroll**
   두루마리

4. **scratch**
   긁다, 할퀴다

spr –
[spr]

5. **spray**
   분무기, 스프레이

6. **spring**
   봄

7. **spread**
   펼치다, 퍼지다

8. **sprout**
   싹트다 / 새싹

str –
[str]

9. **stream**
   시내, 개울

10. **stress**
    스트레스, 압박

11. **stretch**
    뻗다, 늘이다

12. **straight**
    곧은, 똑바로

Practice

A Listen and write.

1. scr_____pt

2. scr_____tch

3. scr_____ll

4. spr_____ng

5. spr_____t

6. spr_____d

7. str_____ght

8. str_____tch

9. str_____ss

B Look and mark.

1.

script ☐

scroll ☐

screen ☐

2.

scratch ☐

script ☐

scroll ☐

3.

sprout ☐

spray ☐

spring ☐

4.

spring ☐

spread ☐

stress ☐

5.

sprout ☐

straight ☐

stream ☐

6.

straight ☐

stretch ☐

stress ☐

C **Guess and write.**

1.

   _____ his back

2.

   _____ her leg

3.

   a computer _____

4.

   a _____ in a pot

stretch
scratch
sprout
screen

 Hint

back 등
leg 다리
pot 화분

D **Read and complete.**

1. Spring / Spray   will come soon. 봄이 곧 올 거야.

2. Go   straight / stretch   , please. 똑바로 가세요.

3. Spread / Sprout   jam on the bread. 빵 위에 잼을 펴 발라.

4. Read the   screen / script   . 그 대본을 읽어 봐.

5. Did the cat   scroll / scratch   your hand? 그 고양이가 네 손을 할퀴었어?

6. There is a bridge on the   stress / stream   . 개울 위에 다리가 있어.

Hint   soon 곧   jam 잼   bread 빵   read 읽다   cat 고양이   hand 손   bridge 다리

Review Test 6
• Day 26-30 •

A Go down the ladders and fill in the blanks.

| 해보다 / 노력하다 | 가위 | 땀 | 시내, 개울 | 봄 |

①
②
③
④
⑤

| 쓰다 | 하늘 | 공부하다 | 철자를 말하다[쓰다] | 재채기하다 |

⑥
⑦
⑧
⑨
⑩

B Group the word families.

try   wrap   skull   track   smash   wreck

skill   smell   travel   ski   smooth   wrong

1. **tr-**

tray

2. **wr-**

wrist

3. **sm-**

small

4. **sk-**

skim

screen   swing   switch   spoon   stone   speak

scroll   stand   spell   sweat   script   stick

5. **sw-**

swell

6. **sp-**

spider

7. **st-**

story

8. **scr-**

scratch

Circle the correct beginning.

1.

_____ ack   _____ ay

tr   wr   sc

2.

_____ im   _____ i

sc   sk   sm

3.

_____ ake   _____ ack

sm   sn   sw

4.

_____ ove   _____ ick

sn   sp   st

5.

_____ een   _____ ipt

sp   spr   scr

6.

_____ ay   _____ out

scr   spr   str

D Choose the best word.

1. I will _____ the world.   ⓐ traffic   ⓑ tray   ⓒ travel

2. What's _____ with you?   ⓐ wrong   ⓑ wrist   ⓒ wrap

3. I like _____ a lot.   ⓐ scare   ⓑ science   ⓒ scold

4. Do you _____ well?   ⓐ skill   ⓑ scarf   ⓒ ski

5. Turn on the _____.   ⓐ swell   ⓑ sweat   ⓒ switch

6. This shirt is too _____.   ⓐ smell   ⓑ small   ⓒ smash

7. He can _____ Chinese.   ⓐ spider   ⓑ spoon   ⓒ speak

8. Where is the bus _____?   ⓐ study   ⓑ station   ⓒ story

9. _____ will come soon.   ⓐ Spring   ⓑ Sprout   ⓒ Spread

10. Go _____, please.   ⓐ stretch   ⓑ straight   ⓒ stress

Day 1

Practice (pp. 12~13)

A 1. cloud / aloud　　2. bound / ground
3. spouse / blouse

B 1. loud　　2. cloud　　3. sound
4. round　　5. mouse　　6. house

C 1. read **aloud** (소리내서 읽다)
2. a dark **cloud** (먹구름)
3. lie on the **ground** (바닥에 눕다)
4. make a **sound** (소리를 내다)

D 1. proud　　2. mouse　　3. loud
4. ground　　5. round　　6. house

Day 2

Practice (pp. 16~17)

A 1. low / cow　　2. show / now
3. yellow / allow

B 1. cow　　2. yellow　　3. show
4. blow　　5. follow　　6. grow

C 1. **low** calorie (낮은 칼로리)
2. ten **below** zero (영하 10도)
3. a quiz **show** (퀴즈쇼)
4. **blow** his nose (코를 풀다)

D 1. follow　　2. show　　3. blow
4. now　　5. yellow　　6. cow

Day 3

Practice (pp. 20~21)

A 1. power / flower　　2. down / town
3. brown / clown

B 1. tower　　2. flower　　3. crown
4. down　　5. brown　　6. gown

C 1. take a **shower** (샤워하다)
2. a cap and **gown** (졸업 모자와 가운)
3. a bell **tower** (종탑)
4. wind **power** (풍력)

D 1. down　　2. crown　　3. tower
4. brown　　5. frown　　6. shower

Day 4

Practice (pp. 24~25)

(A) 1. clue / glue 2. dry / cry
3. worry / carry

(B) 1. cue 2. glue 3. fly
4. dry 5. worry 6. hurry

(C) 1. a **dry** cleaner's (세탁소)
2. a **glue** gun (아교 총)
3. **fried** chicken (프라이드 치킨)
4. **fly** high (하늘 높이 날다)

(D) 1. glue 2. Hurry 3. worry
4. cry 5. fly 6. blue

Day 5

Practice (pp. 28~29)

(A) 1. jar / star 2. hard / chart
3. part / smart

(B) 1. jar 2. card 3. yard
4. cart 5. part 6. smart

(C) 1. a credit **card** (신용카드)
2. a super**star** (슈퍼스타)
3. a shopping **cart** (쇼핑카트)
4. a cookie **jar** (쿠키통)

(D) 1. start 2. car 3. hard
4. part 5. smart 6. star

Review Test 1

Day 1-5 (pp. 30~33)

(A) ❶ blow ❷ proud ❸ yard
❹ sound ❺ clue ❻ brown
❼ part ❽ cry ❾ mouse
❿ ground

(B) 1. aloud / loud / cloud
2. below / snow / yellow
3. frown / town / clown
4. blue / clue / glue
5. worry / carry / hurry
6. part / start / smart

(C) 1. blouse - ⓐ spouse 2. low - ⓑ snow
3. frown - ⓐ drown 4. fly - ⓐ dry

(D) 1. ⓐ 2. ⓑ 3. ⓐ 4. ⓒ 5. ⓑ
6. ⓒ 7. ⓐ 8. ⓑ 9. ⓐ 10. ⓑ

Day 6

Practice (pp. 36~37)

Ⓐ 1. liter / after 2. river / driver
3. liver / silver

Ⓑ 1. liter 2. butter 3. water
4. river 5. silver 6. cover

Ⓒ 1. a 25-**meter** wave (25미터 높이의 파도)
2. brother and **sister** (남매)
3. bread and **butter** (버터 바른 빵)
4. win a **silver** medal (은메달을 따다)

Ⓓ 1. river 2. water 3. driver
4. sister 5. Cover 6. butter

Day 7

Practice (pp. 40~41)

Ⓐ 1. tear / hear 2. cheer / wear
3. deer / bear

Ⓑ 1. bear 2. tear 3. pear
4. fear 5. hear 6. ear

Ⓒ 1. long **ear**s (긴 귀)
2. a polar **bear** (북극곰)
3. **Cheer** up! (힘내!)
4. this **year** (올해)

Ⓓ 1. near 2. hear 3. cheer
4. bear 5. pear 6. wear

Day 8

Practice (pp. 44~45)

Ⓐ 1. hair / fair 2. skirt / stair
3. work / pair

Ⓑ 1. chair 2. pair 3. dirt
4. skirt 5. stair 6. fork

Ⓒ 1. a **pair** of socks (양말 한 켤레)
2. a spoon and **fork** (숟가락과 포크)
3. fresh **air** (맑은 공기)
4. **fair** play (공정한 경기)

Ⓓ 1. hair 2. work 3. dirt
4. skirt 5. pork 6. chair

Day 9

Practice (pp. 48~49)

A 1. form / report 2. born / horn
3. sort / sport

B 1. storm 2. port 3. born
4. corn 5. resort 6. sport

C 1. a rose **thorn** (장미 가시)
2. **short** hair (짧은 머리카락)
3. a lightning **storm** (번개가 치는 폭풍)
4. a ski **resort** (스키 리조트)

D 1. born 2. short 3. sports
4. resort 5. horn 6. storm

Day 10

Practice (pp. 52~53)

A 1. door / floor 2. forth / worth
3. burn / purse

B 1. door 2. floor 3. horse
4. north 5. burn 6. nurse

C 1. **turn** on the light (불을 켜다)
2. **North** America (북아메리카)
3. the 5th **floor** (5층)
4. next **door** (옆집)

D 1. Turn 2. north 3. horse
4. floor 5. nurse 6. poor

Review Test 2

Day 6-10 (pp. 54~57)

A ① air ② ear ③ north
④ dirt ⑤ cover ⑥ poor
⑦ burn ⑧ skirt ⑨ wear
⑩ form

B 1. meter / butter / sister
2. cover / fever / silver
3. year / near / fear
4. fair / stair / hair
5. horn / corn / thorn
6. short / sport / resort

C 1. water - ⓑ butter 2. bear - ⓐ wear
3. chair - ⓐ stair 4. horn - ⓑ corn

D 1. ⓒ 2. ⓐ 3. ⓑ 4. ⓒ 5. ⓒ
6. ⓑ 7. ⓒ 8. ⓑ 9. ⓐ 10. ⓒ

Day 11

Practice (pp. 60~61)

A 1. ch**ase** 2. ch**ea**p 3. ch**e**ss
4. ch**ee**se 5. ch**a**lk 6. ch**i**ck
7. ch**i**lly 8. ch**u**rch 9. ch**a**ng**e**

B 1. cheese 2. change 3. cheap
4. child 5. chick 6. church

C 1. a **cherry** on the cake (케이크 위의 체리)
2. **cheap** shoes (저렴한 신발)
3. a slice of **cheese** (치즈 한 장)
4. a young **child** (어린 아이)

D 1. chilly 2. church 3. chase
4. change 5. cheek 6. Cheese

Day 12

Practice (pp. 64~65)

A 1. l**u**nch 2. b**ea**ch 3. c**a**tch
4. r**i**ch 5. br**a**nch 6. h**a**tch
7. **i**tch 8. t**ou**ch 9. w**a**tch

B 1. beach 2. teach 3. hatch
4. lunch 5. itch 6. match

C 1. **catch** a ball (공을 잡다)
2. a **beach** umbrella (비치 파라솔)
3. a **lunch**box (점심 도시락)
4. **watch** TV (TV를 보다)

D 1. itch 2. rich 3. bench
4. teach 5. lunch 6. watch

Day 13

Practice (pp. 68~69)

A 1. t**ou**gh 2. r**ou**gh 3. h**i**gh
4. s**i**gh 5. n**i**ght 6. f**i**ght
7. t**i**ght 8. **e**n**ou**gh 9. l**i**ght

B 1. right 2. high 3. tough
4. enough 5. light 6. cough

C 1. a street**light** (가로등)
2. a **high** wall (높은 담)
3. **tight** pants (꽉 끼는 바지)
4. Good **night**! (잘 자!)

D 1. cough 2. high 3. night
4. right 5. enough 6. tight

Day 14

Practice (pp. 72~73)

A
1. d**ol**ph**i**n　2. d**i**sh　3. p**u**sh
4. br**u**sh　5. ph**o**to　6. tr**a**sh
7. ph**one**　8. **el**e**ph**ant　9. **a**lph**a**b**e**t

B
1. cash　2. dolphin　3. brush
4. trash　5. elephant　6. dish

C
1. do the **dish**es (설거지하다)
2. **brush** his teeth (이를 닦다)
3. a **photo** album (사진 앨범)
4. a gray **elephant** (회색 코끼리)

D
1. dish　2. fresh　3. phone
4. brush　5. elephant　6. alphabet

Day 15

Practice (pp. 76~77)

A
1. sh**a**k**e**　2. sh**a**v**e**　3. sh**a**r**e**
4. sh**oes**　5. sh**u**t　6. sh**a**mp**oo**
7. sh**a**d**ow**　8. shr**i**mp　9. sh**ou**t

B
1. shark　2. shy　3. shout
4. shrimp　5. shake　6. shelf

C
1. shine **shoes** (구두를 닦다)
2. a white **shark** (백상아리)
3. **share** cookies (쿠키를 나누어 먹다)
4. a book**shelf** (책꽂이)

D
1. shoes　2. Shake　3. Shut
4. shampoo　5. shaves　6. shrimp

Review Test 3

Day 11-15 (pp. 78~81)

A
1 change　2 shake　3 cough
4 dolphin　5 catch　6 high
7 lunch　8 chick　9 trash
10 shy

B
1. child / cheap / cheek
2. hatch / itch / match
3. enough / rough / cough
4. fight / tight / light
5. high / sigh
6. alphabet / xylophone / dolphin
7. cash / fresh / dish
8. share / shut / shave

C
1. ch　2. ch　3. gh　4. gh　5. ph　6. sh

D
1. ⓑ　2. ⓒ　3. ⓒ　4. ⓐ　5. ⓑ
6. ⓐ　7. ⓒ　8. ⓒ　9. ⓐ　10. ⓑ

Day 16

Practice (pp. 84~85)

A 1. b**a**th 2. th**i**rsty 3. thr**ee**
4. th**i**ck 5. th**a**nk 6. thr**ow**
7. m**ou**th 8. t**oo**th 9. th**u**nd**er**

B 1. cloth 2. thank 3. thief
4. mouth 5. thick 6. think

C 1. a **thick** coat (두툼한 외투)
2. take a **bath** (목욕하다)
3. **throw** away (버리다)
4. a **cloth** doll (헝겊 인형)

D 1. tooth 2. Thank 3. think
4. thirsty 5. three 6. bath

Day 17

Practice (pp. 88~89)

A 1. wh**ole** 2. wh**i**sker 3. wh**i**sper
4. wh**ea**t 5. wh**a**t 6. wh**ere**
7. wh**i**p 8. wh**i**stle 9. wh**i**ch

B 1. who 2. when 3. whistle
4. wheat 5. whole 6. whisper

C 1. **whip**ping cream (휘핑 크림)
2. blow a **whistle** (호루라기를 불다)
3. a cat's **whisker** (고양이의 콧수염)
4. the **whole** world (전 세계)

D 1. Who 2. Where 3. Which
4. whiskers 5. wheat 6. whole

Day 18

Practice (pp. 92~93)

A 1. **kn**ee 2. **kn**ow 3. **kn**ot
4. **kn**eel 5. **kn**ight 6. q**uie**t
7. q**ui**ck 8. q**uee**n 9. q**u**art**er**

B 1. quiz 2. quiet 3. knight
4. kneel 5. know 6. quick

C 1. a **quarter** past ten (10시 15분)
2. **kneel** down (무릎 꿇다)
3. tie a **knot** (매듭을 묶다)
4. a **knee** injury (무릎 부상)

D 1. quiz 2. quiet 3. knees
4. know 5. knight 6. queen

Day 19

Practice (pp. 96~97)

(A)
1. c**o**mb
2. t**o**mb
3. th**u**mb
4. b**a**ng
5. h**a**ng
6. cl**i**mb
7. be**lo**ng
8. b**o**mb
9. s**i**ng

(B)
1. lamb
2. climb
3. tomb
4. long
5. bang
6. along

(C)
1. **sing** aloud (큰 소리로 노래하다)
2. **Thumb** up! (좋아!, 잘됐어!)
3. roast **lamb** (구운 양고기)
4. a time **bomb** (시한폭탄)

(D)
1. belong
2. sing
3. climb
4. lamb
5. comb
6. long

Day 20

Practice (pp. 100~101)

(A)
1. bl**o**ck
2. bl**oo**m
3. cl**ea**n
4. cl**e**rk
5. cl**o**set
6. cl**i**ck
7. bl**oo**d
8. bl**a**nk
9. cl**a**ss

(B)
1. blink
2. clean
3. class
4. clothes
5. blend
6. click

(C)
1. a gym **class** (체육 수업)
2. change **clothes** (옷을 갈아입다)
3. a sales**clerk** (판매원, 영업사원)
4. **blend** colors (색깔을 섞다)

(D)
1. blanks
2. Click
3. blink
4. clean
5. clothes
6. bloom

Review Test 4

Day 16-20 (pp. 102~105)

(A)
① cloth
② wheat
③ think
④ clean
⑤ queen
⑥ long
⑦ whisper
⑧ knight
⑨ bath
⑩ bloom

(B)
1. thief / throw / thunder
2. whisker / where / whistle
3. knee / knot / knob
4. quiet / quilt / quiz
5. lamb / tomb / bomb
6. belong / along / bang
7. blink / bloom / blend
8. clerk / closet / class

(C)
1. wh
2. mb
3. th
4. ng
5. qu
6. bl

(D)
1. ⓑ
2. ⓑ
3. ⓒ
4. ⓑ
5. ⓐ
6. ⓒ
7. ⓒ
8. ⓐ
9. ⓐ
10. ⓑ

Day 21

Practice (pp. 108~109)

A
1. flat
2. glass
3. flash
4. glove
5. glow
6. flame
7. glance
8. glider
9. flour

B
1. flash
2. flat
3. flour
4. globe
5. glass
6. glance

C
1. a **flat** tire (펑크 난 타이어)
2. a **flat**-screen TV (평면 스크린 TV)
3. a **glass** of water (물 한 잔)
4. a house in **flame**s (화염 속의 집 한 채)

D
1. gloves
2. flour
3. glass
4. flat
5. glance
6. flood

Day 22

Practice (pp. 112~113)

A
1. plant
2. plane
3. planet
4. slave
5. slow
6. sleeve
7. plug
8. slogan
9. plum

B
1. plant
2. plug
3. plane
4. slow
5. slope
6. sleeve

C
1. get on a **plane** (비행기를 타다)
2. a short-**sleeve**d shirt (반팔 셔츠)
3. a ski **slope** (스키장)
4. a pair of **slipper**s (슬리퍼 한 켤레)

D
1. slow
2. slope
3. plane
4. slippers
5. place
6. planet

Day 23

Practice (pp. 116~117)

A
1. crab
2. crash
3. brave
4. bridge
5. cross
6. crowd
7. bright
8. broom
9. crayon

B
1. brave
2. brick
3. bright
4. crawl
5. cross
6. crowd

C
1. build a **brick** wall (벽돌담을 쌓다)
2. a **bright** room (밝은 방)
3. sweep with a **broom** (빗자루로 쓸다)
4. **cross** the road (길을 건너다)

D
1. brother
2. brave
3. crab
4. cross
5. bridge
6. crayons

Day 24

Practice (pp. 120~121)

A
1. drink 2. dr**u**m 3. fr**o**nt
4. fr**ee** 5. dra**go**n 6. fr**o**st
7. fr**ui**t 8. fr**eeze** 9. dr**i**v**e**

B
1. drink 2. drive 3. dragon
4. fruit 5. freeze 6. free

C
1. **drive** a car (차를 운전하다)
2. **free** parking (무료 주차)
3. **dress** well (잘 차려입다)
4. play the **drum** (드럼을 연주하다)

D
1. fruit 2. free 3. Drive
4. dragon 5. friend 6. drum

Day 25

Practice (pp. 124~125)

A
1. pr**i**n**ce** 2. gr**a**p**e** 3. gr**ou**p
4. pr**i**nt 5. pr**e**tt**y** 6. gr**ee**n
7. pr**e**s**e**nt 8. gr**a**ss 9. gr**a**d**e**

B
1. grass 2. green 3. group
4. press 5. pretty 6. present

C
1. a bunch of **grape**s (포도 한 송이)
2. get a good **grade** (좋은 점수를 받다)
3. **print** my report (보고서를 출력하다)
4. a **group** of children (한 그룹의 아이들)

D
1. pretty 2. grade 3. present
4. grass 5. press 6. great

Review Test 5

Day 21-25 (pp. 126~129)

A
❶ grass ❷ brave ❸ flood
❹ plant ❺ drink ❻ fruit
❼ slow ❽ glove ❾ pretty
❿ crowd

B
1. flour / flap / flood
2. glance / glow / globe
3. plug / place / plant
4. slipper / sleeve / slave
5. bridge / broom / brave
6. crawl / crayon / cross
7. dress / dragon / drive
8. free / frost / front

C
1. gl 2. pl 3. br 4. fr 5. dr 6. pr

D
1. ⓐ 2. ⓑ 3. ⓒ 4. ⓑ 5. ⓐ
6. ⓒ 7. ⓐ 8. ⓑ 9. ⓒ 10. ⓐ

Day 26

Practice (pp. 132~133)

A
1. tray　　2. treat　　3. travel
4. wrap　　5. wrist　　6. write
7. traffic　　8. track　　9. wrong

B
1. travel　　2. try　　3. treat
4. wrist　　5. wrap　　6. write

C
1. a **traffic** jam (교통 체증)
2. **wrap** a present (선물을 포장하다)
3. a **wrong** answer (틀린 답)
4. run on a **track** (육상 트랙을 달리다)

D
1. try　　2. travel　　3. write
4. wrap　　5. treat　　6. wrong

Day 27

Practice (pp. 136~137)

A
1. scare　　2. skull　　3. scissors
4. skim　　5. sketch　　6. science
7. scarf　　8. skill　　9. scold

B
1. scold　　2. science　　3. scare
4. skim　　5. ski　　6. skull

C
1. good driving **skill**s (좋은 운전 실력)
2. a **sketch**book (스케치북)
3. cut with **scissors** (가위질하다)
4. **ski** jump (스키 점프)

D
1. science　　2. scent　　3. sketch
4. ski　　5. sky　　6. scare

Day 28

Practice (pp. 140~141)

A
1. smell　　2. snack　　3. smooth
4. snore　　5. swell　　6. swing
7. small　　8. snake　　9. switch

B
1. small　　2. smell　　3. snake
4. sneeze　　5. swing　　6. swell

C
1. **snore** loudly (큰 소리로 코를 골다)
2. **smash** garlic (마늘을 으깨다)
3. **switch** on (스위치를 켜다)
4. a **snack** bar (스낵바, 간단한 식사거리를 파는 곳)

D
1. switch　　2. snakes　　3. snore
4. smooth　　5. small　　6. sweat

Day 29

Practice (pp. 144~145)

A
1. sp**e**ll 2. sp**ea**k 3. st**a**nd
4. st**i**ck 5. st**one** 6. sp**oo**n
7. st**u**dy 8. st**ove** 9. st**ati**on

B
1. spider 2. speak 3. student
4. stone 5. stick 6. story

C
1. a **spoon** of sugar (설탕 한 숟가락)
2. **stand** on a chair (의자 위에 서다)
3. a hockey **stick** (하키 스틱)
4. a gas **stove** (가스레인지, 가스 난로)

D
1. station 2. speak 3. Stand
4. Spell 5. study 6. stones

Day 30

Practice (pp. 148~149)

A
1. scr**i**pt 2. scr**a**tch 3. scr**o**ll
4. spr**i**ng 5. spr**ou**t 6. spr**ea**d
7. str**ai**ght 8. str**e**tch 9. str**e**ss

B
1. script 2. scroll 3. spray
4. spring 5. stream 6. stress

C
1. **scratch** his back (등을 긁다)
2. **stretch** her leg (다리를 뻗다)
3. a computer **screen** (컴퓨터 화면)
4. a **sprout** in a pot (화분 속의 새싹)

D
1. Spring 2. straight 3. Spread
4. script 5. scratch 6. stream

Review Test 6

Day 26-30 (pp. 150~153)

A
① scissors ② try ③ stream
④ spring ⑤ sweat ⑥ study
⑦ sneeze ⑧ write ⑨ spell
⑩ sky

B
1. try / track / travel
2. wrap / wreck / wrong
3. smash / smell / smooth
4. skull / skill / ski
5. swing / switch / sweat
6. spoon / speak / spell
7. stone / stand / stick
8. screen / scroll / script

C
1. tr 2. sk 3. sn 4. st 5. scr 6. spr

D
1. ⓒ 2. ⓐ 3. ⓑ 4. ⓒ 5. ⓒ
6. ⓑ 7. ⓒ 8. ⓑ 9. ⓐ 10. ⓑ